가끔은 고독할 필요가 있다

나남
nanam

가끔은 고독할 필요가 있다
다섯 번째 지리산 명상

2020년 5월 1일 발행
2020년 6월 10일 2쇄

지은이	具榮會
발행자	趙相浩
발행처	(주) 나남
주소	10881 경기도 파주시 회동길 193
전화	(031) 955-4601 (代)
FAX	(031) 955-4555
등록	제 1-71호(1979. 5. 12)
홈페이지	http://www.nanam.net
전자우편	post@nanam.net

ISBN 978-89-300-4044-0
ISBN 978-89-300-8655-4 (세트)

책값은 뒤표지에 있습니다.

가끔은 고독할 필요가 있다

다섯 번째 지리산 명상

구영회 지음

나남
nanam

구도자의 오답노트

주철환 | 아주대 문화콘텐츠학과 교수

형은 내게 산과 강, 꽃과 나무를 전송한다. 처음엔 '이러다 말겠지' 했다. 계절이 바뀌어도 일편단심 민들레는 시들지 않았다. '이 형이 늦게 재미 들었구나.' 고마우면서도 한편으로 의아했다.

늦게 배운 형의 '도둑질'은 그칠 줄 몰랐다. 지칠 줄도 몰랐다. 나도 익숙해졌다. 동트면서 시작되는 자연 배송을 어느 순간부터 기다리게 된 것이다. 늦어지면 기상예보를 살필 지경에 이르렀다.

나의 휴대전화 사진첩은 서서히 자연도감이 되어 갔다.

외로움은 그리움으로 변환되어 차곡차곡 쌓였다. 혼자 보기 아까운 그림(그리움)은 지인에게 전달했다. 받은 이들도 궁금한 모양이다.

"여긴 어느 마을?"

되풀이되는 질문에 쉬운 응답을 찾았다. 받침 하나만 바꿔 주니 형의 의도가 읽혔다.

"마을이 아니라 마음."

이제 나는 알아차렸다. '형은 나무를 찍은 게 아니라 나(자아)를 찍어 보냈구나.'

일 년에 한두 번 형의 얼굴을 마주하는 곳은 아우가 사는 광화문 인근이다. 그는 이미 나의 선생님이다. 산에 가서 고개를 숙여도 모자란데, 스승이 친절하게도 제자가 사는 문 앞까지 오시니 나는 참 복도 많다. 짧은 가정방문이지만 대면수업마다 수행자의 영혼이 한 뼘씩 자라는 느낌을 받는다.

형을 만나러 갈 땐 입에서 절로 이런 노래가 나온다.

앞만 보고 걸어갈게, 때론 혼자서 뛰어라도 갈게
내게 멈추던 조그만 슬픔도 날 따라오지 않게

서영은의 〈혼자가 아닌 나〉를 흥얼거리다 보면 지리산에서 온 구도자가 저만치서 반갑게 손을 흔든다. 도심 한복판에서 산중 문답이 무르익기 시작한다. 바람이라도 불 때면 미국 시인 메리 올리버의 산문집 《휘파람 부는 사람》에 나오는 글귀가 떠오른다. "이 우주가 우리에게 준 두 가지 선물, 사랑하는 힘과 질문하는 능력."

형은 사랑하고 나는 질문한다. 광화문 글판에서 무상으로 얻은 구절이 내게 선물이 될 줄이야. 나는 아예 그 말을 외워 버렸다. 건물 벽에 담쟁이처럼 붙어 3개월 주야장천晝夜長川 말을 건네므로 웬만해선 가슴 밭에 심지 않을 도리가 없다. 근처를 어슬렁거리는 게 일상인 나는 이렇게 정리했다. '가장 좋은 책은 산책이고 가장 유익한 문은 질문이다.'

사실 난 책 읽는 시간보다 노래 듣고 따라 부르는 시간이 더 많다. 형은 책도 많이 읽고 음악도 많이 듣는 모양이다. 내 취향이 한국가요에 치우친 반면, 형은 동서고금의 음악을 섭렵한다. 이번 책의 주제인 '고독'에 집중할 때도 서로 선곡이 달랐다. 형이 조르주 무스타키가 부른 〈나의 고독〉을 고를 때, 나는 은퇴한 가수 패티김의 〈초우〉를 소환했다.

가슴속에 스며드는 고독이 몸부림칠 때
갈 길 없는 나그네의 꿈은 사라져 비에 젖어 우네

돌아보니 내게도 고독이 몸부림치던 때가 있었다. 늦은 밤 가끔 사이버 숲길을 걷는 편인데, 거기엔 서로를 가르는 철책만큼이나 서로를 겨누는 질책도 많다. 방심해서 걷다 간 독충에 물릴 수도 있다. 스스로 달아본 적 없지만 댓글 다는 사람들의 심리 기저엔 고독이 깔려 있을 거라 조심스 레 추측한다.

모두가 분노에 차 있는 건 아니다. 사람이 많이 걸어간 흔 적을 따라가다 보면 마음 바구니에 온전한 송이버섯 몇 개를 담을 때도 있다. '지식 인'(in)이라는 문패 안으로 들어가 보 니 온갖 질문과 대답이 빼곡하다. 자문자답自問自答도 있고 동문서답東問西答도 있지만 뜻밖의 우문현답愚問賢答도 많다.

드디어 찾아냈다. 누군가 고독에 관해 묻는다. "고독이 몸부림칠 때 어떻게 해야 하나요?" 세 개의 답변이 순차적 으로 올라와 있다. 첫 번째 솔루션은 답이 네 글자다. 단순 명료하다. "주무세요." 예의는 갖췄지만 살짝 냉소적이다. 질문자로선 서운했을 성싶다. 기록상으로는 문답 일정이 하루 차이지만 아마도 질문은 자정에 가까운 시간, 답변은 자정을 조금 넘긴 시간이 아닐까 짐작한다. 누군가는 그때 이장희의 노래 하나를 떠올렸을 수도 있다.

자정이 훨씬 넘었네 도대체 잠은 안 오네
밤새 뒤척이다가 새벽닭이 울고 말았네

고독의 대처에 관한 두 번째 답변은 이렇다. "고독이 몸부림칠 때라 … . 요럴 땐, 술을 마시든가 … 만취할 때까지. 아니면 자는 게 상책." 해결책이 되기엔 다소 미흡하다. 의뢰자가 애초에 술 못 마시는 사람, 아니면 나같이 술 끊은 사람이라면 도움이 안 되는 대책이다.

이윽고 마지막 답변이 올라왔다. "고독 … . 음. 정확한 정의는 모르겠지만, 제가 참 많이 고독한 사람이에요. 그럴 땐요. 시골로 내려간답니다. 시골 정경을 보면서 마음을 다스리죠. 아마 그게 최상일 것 같습니다. 고독이 몸부림칠 때

잠잔다는 건 있을 수 없는 일이죠."

　형이라면 어떻게 답해 줄까. 자상한 형은 외로워하지 말고 고독하라고 권한다. 의문이 생긴다. 그렇다면 외로움과 고독은 어떻게 다른가. "당신이 혼자일 때 거부감 없이 긍정적인 상태라면 고독이고, 혼자인 것이 힘들고 괴롭다면 외로움이다." 형의 기준에 따르면 "고독은 자기의 '중심'을 찾아가는 과정이지만, 외로움은 중심을 잃고 삐걱거리는 것"이다. 형의 고독 예찬이 이어진다. "고독은 삶으로부터 도망치거나 저항하는 것이 아니라, 자발적으로 혼자 놓여 자기 자신을 되찾을 수 있도록 도와주는 구심점이다."

　조용필의 노래 〈고독한 러너〉에 이런 가사가 나온다.

　시작이라는 신호도 없고 마지막이라는 표시도 없이
　인생이란 고독한 길을 뛰어가네

사는 데 정답은 없다. 각자의 해답이 있고 공감 가는 명답이 있을 뿐. 한때 다큐멘터리 〈인간극장〉에 형이 나오면 좋을 것 같다는 생각을 얼핏 했다. 지금 정한다면 "구도자의 오답노트"라는 부제가 어떨까 싶다. 형의 명상록은 아직 완성되지 않았기 때문이다. 하지만 형이 고독을 어떻게 정의하건 상관없이, 형이 지금까지 도달한 고독이란 봉우리의 다른 이름은 자유와 평화다.

형이 청춘을 보낸 방송사에선 〈나 혼자 산다〉의 시청률이 높은데, 형은 지금 '나는 자연인이다'와 '나는 자유인이다'를 동시에 실천 중이다. '나는 언론인이다', '나는 지식인이다'의 코트는 가뿐히 벗어던졌다.

형은 말한다. "고독은 당신이 몸부림치지 않고 조용히 마음을 기울여 정면으로 응시할 때, 당신에게 매우 의미 있는 실마리를 내민다. 그때 고독은 암시가 된다. 고독은 고독

'이후'와 고독 '너머'로 당신을 건네주는 유일한 통로이자 당신이 안심해도 탈이 없는 믿을 만한 안내자다."

나는 고독이 외로움의 반대편에 있지 않고 늘 함께 있다고 본다. 다만 누군가는 외로움에 굴복하고 누군가는 외로움을 극복한다. 외로움과 고독의 동거(코아비타시옹, *cohabitation*)는 아마도 죽을 때까지 계속될 우리의 운명 아닐까.

서어나무숲에서

그 숲에 혼자 놓이면 내 안에서 저절로 고요함이 차오른다. 그 고요함에 잠긴 나는 내 영혼의 원래 상태를 되찾아 지극한 평온 속에 머문다.

그 숲 나무들 틈새로 내리꽂히는 햇살은 마치 하늘이 빛의 칼을 대지에 꽂은 것처럼 신비롭다. 나무 옆 돌 벤치에 가만히 눈을 감고 앉아 있을 때, 한 자락 바람이 부드럽게 내 얼굴을 어루만지면 나는 혼자 있어도 혼자가 아닌 것 같은 특별한 느낌에 사로잡힌다.

사람이 세월 따라 변하고 다듬어지듯 숲도 오랜 세월을

거치면서 이리저리 변하다가 더 이상 변하지 않는 최적의 안정 상태를 이룬다. 숲의 평형 상태. 이것을 극상림極相林 (*climax forest*) 이라고 부른다. 숲의 절정이다.

숲이 극상림을 이룰 때 그곳에 자리 잡는 나무가 있다. 그 나무가 한껏 자라 있으면 그 숲은 마침내 더 이상 변하지 않고 완성된 것이다. 그 나무는 바로 '서어나무'다.

지리산 서북쪽 남원 정령치 깊숙이 숨은 구룡폭포를 지나 운봉 땅 너른 들판으로 이어지는 한적한 산길을 내려가다가 평지에 이르러 만나는 개천다리를 건너기 직전 왼쪽에 고즈넉한 작은 마을이 자리 잡고 있다.

마을 앞을 흐르는 개천을 따라 뒷동산으로 가는 길을 걷다 보면 오래지 않아 약 5백 평 넓이의 아담한 숲이 나타난다. '서어나무숲'이다.

나는 가끔 까닭 모를 그리움이 마음속에 사무칠 때 이 숲을 찾아간다. 나만의 소풍이다. 거기에 가서 가만히 놓이면 마음의 번거로움은 안개 걷히듯 사라지고 나는 그냥 하나의 평화가 된다.

마음의 평화는 당신이 '고독'이라는 나룻배를 타고 혼자 노를 저어갈 때 어느 날 어느 순간 당신에게 슬며시 건네지는 최상의 선물이다.

나의 고독과 함께할 때 나는 결코 혼자가 아니야.

Je ne suis jamais seul avec ma solitude.

— 조르주 무스타키의 노래 〈나의 고독〉 중에서

당신과 나는 고독할 필요가 있다. 고독을 즐길 필요가 있다. 고독은 매우 긍정적이기 때문이다.

고독은 삶의 생산성과 창의력을 높여 준다. 고독은 삶으로부터 도망치거나 저항하는 것이 아니라, 자발적으로 혼자 놓여 자기 자신을 되찾을 수 있도록 도와주는 구심점이다. 고독한 사람의 마음은 고요하다.

고독과 외로움은 얼핏 뒤섞인 듯 보이지만 크게 다르다. 고독은 자기의 '중심'을 찾아가는 과정이지만 외로움은 중심을 잃고 삐걱거리는 것이다. 외로움은 부정적이다. 외로움에 빠진 사람은 마음이 편하지 않고 어둡다. 외로움으로 인해 스트레스를 받는다. 몸도 상하게 된다. 외로움은 고통에 속한다.

당신이 혼자일 때 거부감 없이 긍정적인 상태라면 고독이고, 혼자인 것이 힘들고 괴롭다면 외로움이다.

외로움은 바깥을 향하지만, 고독은 뛰쳐나가지 않고 내면을 향한다. 외로움은 자기 바깥의 위안을 찾아 갈증을 채우려는 욕구이지만, 고독은 자기 내면을 파고들어 영혼의

원래 모습을 되찾으려는 탐색이다.

고독은 우리의 영혼이 '원래 상태'를 회복할 수 있도록 도와주는 촉매제다. 진정한 고독은 해를 끼치지 않고 오히려 유익하다. 잘 숙성된 고독은 인간을 집어삼키지 않는다. 고독은 향기를 풍긴다. 그리고 고독은 마침내 고독 '너머'로 우리를 건네주는 나룻배다.

인간의 일생이라는 것은 모두 자기 자신에게 도달하기 위한 여정이다. 우리는 저마다 서로 다른 깊이를 지닌 어떤 실험이다. 그러나 저마다 지니는 고유의 뜻을 아는 것은 그 자신뿐이다.

— 헤르만 헤세의 《데미안》 중에서

당신의 스마트폰 채팅방에 온종일 사람들이 들락거려도, 당신이 수많은 인간관계의 틈바구니에 끼어 있더라도 고독은 수수께끼처럼 당신 안에 살고 있다.

고독은 당신 안에서 당신의 마음 상태를 힐끔힐끔 살피다가 어느 순간 당신에게 손짓한다. 다른 사람들을 그대로 놓아두고 이쪽으로 혼자 건너오라고 ….

혼자만의 여행길에 나서 본 경험이 있다면 당신 안에서 그 일이 일어난 것이다. 지리산 둘레길과 제주 올레길, 스페인 산티아고길을 혼자 걸어가는 사람들은 바로 그 일을 겪는 중이다.

당신은 외로움을 극복할 수는 있어도 고독을 쫓아내거나 내다 버릴 수는 없다. 그것은 불가능하다. 고독은 당신 마음 안에서 항상 당신을 따라다니도록 하늘이 장치해 놓은 당신의 그림자이기 때문이다.

사람이 혼자 태어나 잠시 섞여 살다가 결국 혼자 마감하는 이치 속에는 고독이 주요 성분으로 함유되어 있다.

도시의 일상생활은 당신 영혼의 평화로운 휴식 상태를 끊임없이 방해하면서 잠시도 가만히 놓아두지 않는다. 사람들은 대부분 정작 자기 자신이 누구인지, 그리고 진정 무엇을 원하는지 스스로 들여다볼 겨를도 없이 그저 들쭉날쭉한 세상의 박자에만 맞춰 떠밀리듯, 휩쓸리듯 살아간다.

많은 사람이 오롯이 혼자만의 시간과 공간에 놓이지 못한 채, 다시 말해 자기 자신을 제대로 마주할 틈 없이 하루하루를 떠내려가고 있는 모습은 너무나 흔하다. 관계의 홍수 속에서 정작 자기 자신은 소외되어 있다.

고독은 당신이 몸부림치지 않고 조용히 마음을 기울여 정면으로 응시할 때, 당신에게 매우 의미 있는 실마리를 내민다. 그때 고독은 암시가 된다. 고독은 고독 '이후'와 고독 '너머'로 당신을 선네수는 유일한 통로이자 당신이 안심해도 탈이 없는 믿을 만한 안내자이다.

고독의 끝자락에서 삶의 정수를 건져 내는 사람들이 있다. 인류 역사의 모든 분야에서 주목받았던 훌륭한 인물들은 하나같이 고독을 통해 고독과 더불어 성취한 경우들이다.

인간이 고독을 정면으로 뚫고 지나가 그 '너머'에 도착한 맨 꼭대기 지점에는 붓다와 예수가 있다. 깨달은 붓다가 되기 전 '고타마 싯다르타'는 히말라야의 고독자였고, 신을 만나기 전 예수는 유대 광야의 고독자였다.

고독이라는 혼자만의 나룻배가 물길을 따라 도착하는 건너편 땅에는 '자유와 평화'가 당신을 기다리고 있다. 혼자되어 자기 자신을 만나는 것은 영혼이 원래 상태를 회복하는 일이며, 영혼의 원래 상태는 자유 그 자체이자 더할 나위 없이 평화롭기 때문이다.

저녁노을이 서쪽 하늘을 붉게 물들일 무렵 인적 드문 섬진강변에 홀로 앉아, 이 세상에 온 나는 도대체 누구인지

그리고 남은 인생에서 나는 과연 무엇을 원하는지 가끔 스스로 되묻는 그 시간이 나에겐 가장 의미 있게 다가온다. 그 물음 말고는 나를 온통 쏟아낼 만한 곳은 더 이상 없다.

내가 지금까지 걸어온 인생길도 지구별의 DNA 중 하나였을 것이다. 내가 가보지 않은 인도 갠지스강변에서도 그 누군가가 혼자 강물을 바라보고 있을 것이다. 갠지스강 귀퉁이에서 기능을 다한 어느 몸뚱이를 불사르는 장작불과, 지리산 구들방에서 아직 살아 있는 나의 몸뚱이를 따듯하게 덥혀 주는 장작불은 같은 불일 것이다.

내가 이 책을 통해 당신에게 말을 건네 붙이는 그 순간에, 공교롭게도 '코로나 19' 바이러스가 온 세상을 집어삼켰다.

인간의 눈에 보이지 않는 이 미생물은 인종과 대륙을 뛰어넘어 신神 다음으로 가장 유명한 이름을 떨치게 되었다. 그리고 수십억이나 되는 사람들의 살아가는 방식에 막강한

제동을 걸었다. 수많은 나라에서 수없는 사람들이 그동안 누려 왔던 소소한 일상을 거의 송두리째 빼앗겼다.

그 결과 대다수 사람들은 저마다 자기만의 왜소한 공간에 갇혀, 각자의 삶에 난데없이 불어닥친 어처구니없는 재앙 앞에서 도대체 무슨 일이 벌어진 것일까를 곰곰 되돌아보게 되었다.

사람들이 난생처음 겪는 '코로나 바이러스 세상'에서 자신의 존재와 삶의 가치를 되짚어 보는 일은 이 책이 가리키는 인생의 방향과 어떤 연결고리를 갖고 있을 것이라는 생각이 든다. 답답하고 막연한 두려움에 사로잡힌 많은 이에게 이 책이 작으나마 위안이 되기를, 진심으로 바란다.

2020년 봄 지리산에서

두 손 모음

구 영 희

가끔은 고독할 필요가 있다

다섯 번째 지리산 명상

차례

마침내 고독이 싹트다

"형! 난 이제껏 타인을 위해서만 살았던 것 같아요. 저도 앞으로는 차차 일을 그만두고 쉴 겁니다. 저 자신을 위해 살고 싶어요."

30년 세월을 사업가로 살아온 그가 평소에 툭 하면 내뱉던 인상적인 표현 하나는 '직진'이었다. 그는 삶이 힘겹고 고달플 때마다 스스로 쓰러지지 않게 붙들려는 듯 주문처럼 이렇게 말하곤 했다. '인생 뭐 있어? 직진이지!'

재벌로 성장한 어느 창업 가문의 후손이었던 그는 직계 조상이 세상을 떠나면서 집안의 주도권 바깥으로 밀려나 어린 시절을 외롭게 눈치 살피며 보내야 했다. 그러다가 혼자 작은 기업을 일구어 온갖 고생 끝에 나름대로 기반을 잡았다.

그는 술 한잔 나누다가 뭔가 감정이 북받치면 가수 김수철의 노래를 고래고래 내지르듯 고함치며 부르곤 했다. 남들 앞에서는 늘 호쾌했고 배꼽 잡는 우스갯소리도 무척 잘하는 편이었다.

그러나 나랑 단둘이 있을 때 그는 가끔 눈물을 보였다. 나에게는 종종 가슴 깊이 쌓인 울분과 앙금을 털어놓았다. 그는 답답함이 목구멍까지 가득 차오를 때면 혼자 조용히 지리산으로 나를 찾아왔다.

그는 겉보기에는 터프해 보여도 마음결이 무척 곱고 인정이 참 많았다. 그런 그를 나는 무척 좋아했고 친동생처럼 마음속으로 아꼈다. 내가 은퇴 후 지리산으로 내려와 지내면서 예전처럼 자주 보기는 어려워졌지만, 그와 나는 거의 날마다 카카오톡으로 안부를 주고받으며 지낸다.

지리산에서 혼자 지내는 나로서는 그에게 특별히 해줄 만한 게 별로 없다. 지리산을 쏘다니다가 스마트폰으로 찍

은 풍경사진을 그에게 일상적으로 전송하면서 짧은 한두 마디 격려를 곁들이는 것이 그를 위해 내가 할 수 있는 전부다.

오늘도 나는 평소처럼 그에게 지리산 풍경사진을 보냈고 곧 그가 답장을 보내왔다.

"형! 아름다운 사진 감사합니다! 저는 내일 미국 출장 갑니다. 며칠 후 돌아옵니다."

그러면서 그가 한마디 덧붙였다.

"힘드네요, 출장! ㅋㅋ"

나는 그가 맨 끝에 붙인 한마디 '힘드네요'가 무엇을 의미하는지 잘 알고 있었다. 그래서 그에게 이렇게 답장을 보냈다.

"어느 길을 선택하든 자기 자신을 만나는 여정 ⋯ . 헤르만 헤세가 《데미안》에서 했던 표현 ⋯ . 비행기 안에서 《싯다르타》라는 책을 읽어 보렴! 추천한다."

그도 내 말귀를 이내 알아들은 듯 즉시 응답했다.

"네! 꼭 보겠습니다."

그의 삶이 더 이상 직선을 그리지 않고 완만한 곡선으로 바뀌기를 기원한다. 영화 〈라이온 킹〉에서 어린 아들 '심바'에게 세상을 앞서 떠난 아버지가 나타나 말한다.

"삶은 직선이 아니다! 둥그런 원圓처럼 순환하는 것이다! 두려워하지 말고 떠나라!"

오랜 세월 후배의 가슴 밑바닥에 있던 '고독'이 마침내 수면 위로 떠올라 싹을 틔우기 시작했다는 것을 나는 직감으로 느낀다. 그는 자기 자신을 위해 '고독'이 필요하다는 것을 분명히 깨달았을 것이다. 드디어 윤곽을 드러낸 그의 '고독'은 앞으로 더 자주 그에게 손짓할 것이다.

결국 고독을 맞닥뜨리다

수십 년 동안 자기 자신을 깜박 잊고 살았던 그는, 수십 년 만에 처음으로 자기 자신이 결국 '혼자' 놓이게 되었다는 것을 뒤늦게 자각한 모양이었다.

그러나 그가 오랜 세월 끝에 최근에야 비로소 분주했던 발걸음을 멈추어 두리번거리기 시작한 '자기 탐색'은, 드디어 삶의 핵심에 다가섰다는 점에서 결코 늦은 것은 아니라는 생각이 들었다. 그의 나이는 62살이었고, 작년에 마침내 사회생활을 마감한 처지였다.

내가 그를 무척 오랜만에 마지막으로 만났던 때가 벌써

몇 년 전이었고 평소에 서로 교류하며 지낸 사이도 아니었기에, 아닌 밤중에 불쑥 그가 나에게 전화를 걸어 몇 마디 건넨 말은 전혀 예상치 못한 것이었다.

"구 선배! 오랜만입니다. 지금 지리산에 계세요? 저는 지금 천은사라는 절에 잠시 묵으러 왔습니다. 혼자 왔습니다."

마침 나는 다른 곳에 가지 않고 지리산에 있었다. 난데없는 전화를 받은 나는 과거 그의 방송국 선배였기에 반가웠지만 한편으로는 조금 어리둥절했다. 그가 묵게 된 절은 공교롭게도 내가 지내는 마을에서 가까운 곳이었다. 그의 숙박지가 일반 민박집도 아닌 사찰이라는 점, 그리고 혼자 서울에서 내려왔으며 이미 캄캄해진 밤중에 전화를 걸어온 점 등으로 미루어 그의 기색에 뭔가 절실함 같은 것이 이내 느껴졌다.

이튿날 천천히 보아도 무방했지만 나는 그에게 괜찮다면 지금 곧장 달려가겠노라고 대답하고는, 서둘러 옷을 갈아입은 뒤 천은사로 차를 몰았다. 내 거처에서 그 절에 가려면 공동묘지를 지나야 했지만, 평소에도 종종 거리낌 없이 그곳 밤길을 다녔기에 그냥 편히 그 길을 거쳐 노고단으로 이

37
결국 고독을 맞닥뜨리다

어진 오르막 산길로 접어들었다.

가는 길 내내 다른 잡생각은 들지 않았다. 머릿속은 다만
그 후배가 풍긴 '고독'의 냄새를 좇아 뭔가 진지한 대면을
할 것 같은 예감으로 기울었다.

공동묘지를 지날 때 후배에게 전화를 걸어 곧 도착한다
고 미리 알려 주었다. 절 입구 넓은 주차장에 들어서니, 저
앞에 후배가 혼자 기다리고 있었다.

한겨울 한밤중 산속은 물론 추웠다. 나는 시동과 난방을 켜둔 채 후배를 옆자리에 앉혔고 우리는 차 안에서 한참 동안 이야기를 주고받았다.

"평생 해왔던 사회생활을 작년에 드디어 그만두고 모처럼 시간의 속박에서 풀려나 한동안 편히 지냈습니다만⋯. 앞으로 무엇을 하며 살아가야 하는지 다소 막막하기도 하고⋯. 뭔가 정리가 필요한 것 같아서 집사람한테 양해를 얻어 혼자 내려왔습니다. 마침 지리산에 구 선배가 계신다는 것을 알고 있었고⋯. 저는 불교신자도 아니지만 방해받지 않는 장소로는 절이 좋을 것 같다는 생각이 들어서 인터넷 검색을 하다 보니 천은사에 인연이 닿았습니다."

예감대로 그의 이야기는 '은퇴 후 새로 맞이한 여생'에 초점이 맞추어져 있었고, 촉감대로 그가 놓인 총체적 형국의 모양새는 '고독'이었다. 그는 마침내 세상과의 '관계의 사슬'에서 벗어나 비로소 그리고 필연적으로 '혼자'라는 상태에, 이전과는 판이한 형국에 놓인 것이었다.

나는 그에게 내가 은퇴 후 곧장 지리산으로 내려와 지낸 10년의 세월에 관해 이런저런 이야기를 들려주었다. 특히 그

결국 고독을 맞닥뜨리다

의 남은 인생길이 그다지 길지 않다는 걸 편하게, 그리고 자연스럽게 받아들이라는 점, 그리고 무엇보다 앞으로 삶의 초점을 '몸뚱이'에 맞추는 것보다는 '마음 흐름'에 맞추는 게 바람직하다는 점을 일러 주었다.

더 나아가 관심이 일어나거든 종교와 상관없이 '명상과 참선'에 눈길을 준다면 새로운 변화를 일으키고 의미를 찾는 데 유익한 보탬이 될 것이라 덧붙여 주었다.

그날 밤 천은사 주차장에서 다시 작별할 때, 나는 그에게 다음 날 또 만나고 싶으면 연락을 주고 그냥 혼자 있고 싶으면 편히 지내다 가기 바란다고 자유로운 결정에 맡겼다. 그는 '이야기를 좀더 나누고 싶다'고 나중에 메시지를 보내왔다. 우리는 이튿날 또 만나서 저녁까지 시간을 함께했다. 그리고 다시 어둠이 내렸을 때 나는 그를 천은사에 데려다주고 발걸음을 돌렸다.

이곳 지리산에서 가끔 혼자 찾아오는 인연을 만날 때가 있다. 그럴 때마다 내가 다른 사람에게 '속내를 털어놓고 이

야기를 나누고 싶은 인생길 인연'이 되어줄 수 있음에 감사하고, 스스로 주목하면서 내 나름대로 진솔하고 진지한 마음으로 대하곤 한다. 먼 길을 달려 나를 찾아온 그 사람이 '마음의 옹달샘'을 찾고 있다는 것을 잘 알고 있기 때문이다.

나 역시 옹달샘을 찾아 긴 세월을 보냈기에, 나는 나처럼 옹달샘을 찾는 '호모 비아토르'(길 위의 인간)의 기색을 알아차릴 수 있다. 나는 이제 끄트머리에서 옹달샘이 나타날 만한 오솔길을 더듬는 다른 이에게, 그가 참고할 만한 진입로를 손짓으로 가리킬 수는 있는 것 같다. 그가 그 오솔길을 선택한다면 그와 나는 같은 방향으로 산길을 제각기 혼자 걷다가 결국 천왕봉으로 이어지는 길목에서 마침내 합류해 동행하게 될 것이다.

수백 수천 개의 실개천이 흐르고 흐르다가 마침내 한데 모여 섬진강이 되고, 섬진강 그 끄트머리가 마침내 이름을 버린 '바다'로 흘러 들어가듯이 … . '만법귀일'萬法歸一이라고 옛 성자가 인생길의 방향을 옛날 옛적에 일찌감치 일러 주었듯이 … .

이 글을 쓰는 아까 전부터 내 거처 단골손님 길고양이 세 마리가 마당 빈 밥그릇 근처에서 서성이고 있는 것을 이제야 알아차렸다. 참다못한 한 마리가 구들방 바깥 평상까지 올라와서 내가 고양이밥 담긴 컵을 들고 문을 열기를 한참이나 기다리고 있었다는 걸 문득 고개를 들어 바깥을 내다보다가 발견했다.

고양이들아, 미안하다! 내 배가 고프지 않아 너희들 배고픈 걸 깜박했구나!

결국 고독을 맞닥뜨리다

고독이 더 주어지기를

뱀사골 그 산채식당에서 주문한 밥상이 거의 다 차려졌지만 그녀와 아들이 보이지 않았다. 그녀의 남편과 어색하게 마주 앉아 있던 나는 결국 두 사람을 찾으러 나갔다. 식당 앞에는 없는 걸 보니 분명히 길 건너 계곡으로 간 것 같았다.

계곡으로 내려가는 계단이 있는 난간에 이르자, 저 아래 작은 바위 위에 그녀 혼자 앉아 있는 모습이 보였다. 그녀는 뭔가 골똘히 생각에 잠긴 듯 물끄러미 계곡물 흐르는 것을 바라보고 있었다.

순간 나는 그녀를 향해 소리치려다가 멈추었다. 비록 잠깐이지만 왠지 그녀의 그런 순간을 방해하고 싶지 않았고, 잠시라도 그대로 놔두고 싶어서였다. 그녀에게는 참으로 귀한 휴식의 틈바구니라는 걸 나는 알고 있었기 때문이었다.

하지만 어린 아들이 계단을 내려가면서 엄마를 부르자, 그녀 혼자만의 의미 있는 틈새는 금방 부서지고 말았다. 그제야 나도 엄마와 아들을 향해 큰 소리로 외쳤다. 계곡 물소리는 꽤 요란했다.

"어이! 어서 올라와! 밥상 다 차렸어!"

나와 옛 직장 가까운 선후배 사이인 그녀는 TV에 얼굴을 자주 내미는, 잘 알려진 여성 앵커로 늘 시간에 쫓기며 분주하게 살아왔다. 그녀의 남편 역시 밤낮이 따로 없을 정도로 업무가 폭주하는 고달픈 직업을 갖고 있었다. 그리고 초등학생인 외아들 역시 학교 수업하랴 학원 다니랴, 어린 나이에 벌써 영재교육의 고단한 일상에 찌들어 있었다. 그러다 보니 세 사람 가족 모두가 각자 쫓기듯 살고 있었다.

이곳에 와서 고작해야 단 하룻밤 묵는 그날 밤에도 남편은 한국과 시차가 다른 서양의 고객들과 메일을 주고받으

며 상담하느라 밤잠을 설쳐야 했고, 후배 그녀도 칼럼 마감 시한에 쫓겨 이튿날 아침도 못 먹고 원고에 매달려야 했다. 보다 못한 민박집 안주인이 센스 있게 얼른 샌드위치를 만들고 우유 한 잔을 곁들여 뒤늦은 요기를 시켜 주었다.

나는 진작부터 그 후배에게 한번 짬을 내어 지리산에 가 족여행을 다녀가라고 여러 차례 권유했다. 그들 모두에게 짧지만 뭔가 의미 있는 휴식과 힐링의 계기를 만들어 주고

싶어서였다. 하지만 좀처럼 시간을 내지 못하다가 이번에
어렵게 기회를 만들어 모처럼 귀한 여행을 온 것이었다.

　그 가족 모두에게 지리산 여행은 난생처음이었다. 나는
이런 사정을 알고 있었고 또한 내가 특별히 초대한 여행이
었기에, 서울과 지리산을 오가는 1박 2일의 턱없이 짧은 여
행이었지만 그들 가족을 어떻게 챙기는 것이 가장 좋을지
나름대로 각별히 이런저런 사전궁리를 해두었던 계획에 따
라 움직였다. 시간은 눈 깜짝할 사이에 흘러갔다.

그녀는 기차역에 도착한 직후부터 이튿날 다시 서울로 떠날 때까지, 한참 선배이자 나이 든 내가 직접 온종일 자기 가족을 챙겨 다니는 것에 미안한 기색을 여러 번 내보였다. 나는 스스로 기꺼이 마음 내켜 하는 일이니 불편한 마음 갖지 말고 모처럼 느긋하게 즐기라고 거듭 누그러뜨렸다.

정말 귀한 여행을 나 한 사람 믿고 찾아온 만큼, 나로서는 마음을 기울이는 것이 당연했다. 다행히 후배의 남편과 아들은 편히 마음을 열고 나를 대하는 것 같아 오히려 내가 고마웠다.

떠나는 날 다시 기차역으로 배웅하는 내 차 안에서 옆자리에 앉은 후배가 낮은 목소리로 넌지시 말했다.

남편과 아들이 평소에 말수가 적은 데다가 호들갑스러운 내색을 하지 않는 편이라서, 두 남자 입에서 '좋았어!'라는 표현이 나오면 그것은 진짜로 엄청 좋았다는 뜻인데, 둘 다 내가 없는 자리에서 그렇게 외마디로 만족감을 표시했다면서 고마움을 전했다. 나는 참 다행이고 감사한 인연이라고 대답해 주었다.

나는 그 가족에게 섬진강에 벚꽃이 만발할 때 어지간하면 놓치지 말고 꼭 다시 와서 대한민국 최고의 그 절경을 맛보기 바란다고 거듭 당부했다. 이렇게 우리는 작별인사를 나누었다.

후배 가족을 보내고 산자락 마을로 돌아오는 길, 어느새 캄캄해진 밤하늘에 별들은 보이지 않고 보름달만 저 홀로 두드러지게 떠 있었다. 하늘은 유난히도 칠흑 같았고 달은 유난히도 둥글고 밝았다. 하늘과 달은 매우 상반된 암흑과 광채로 신비롭게 하나가 된 모습을 이루고 있었다.

문득 아까 낮에 뱀사골 계곡에 잠시 홀로 앉아 있던 후배의 모습이 다시 떠올랐다. 가족여행을 온 것이었지만, 어느 순간 그녀는 아내도 엄마도 아닌 한 인간으로서 왠지 잠시라도 혼자만의 틈새를 가져 보고 싶었을 것이다.

분명히 그녀에게는 그런 순간이 절실했을 것이다. 아무런 방해 없이 그저 혼자 놓이는 '고독'이 오히려 그리웠을 것이다. 그녀의 모습이 그랬다. 그녀의 삶이 그랬다.

그녀만의 고독이 채 몇 분도 가지 못하고 금방 깨져 버렸던 것이 무척 안쓰럽게 느껴졌다.

그러나 한순간이었을망정 그녀가 참으로 오랜만에, 아니 난생처음으로 계곡물을 혼자 물끄러미 바라보았던 그 체험은, 작은 옹달샘에서 새어 나온 맑은 샘물처럼 그녀 마음속의 새로운 정화수가 될 것이라고 믿는다. 30여 년 전 바로 그곳 뱀사골 계곡에 내가 홀로 놓였을 때 나에게 일어났던 것처럼.

훗날 그녀 가족이 다시 지리산을 찾아오는 인연이 닿는다면, 나는 그들을 내가 종종 찾아가는 그 서어나무숲에 꼭 데려가고 싶다.

고독을 원하는 사람들

어느 날 TV를 보다가 조용히 전원생활을 하는 사람들의 모습을 전하는 프로그램에 잠시 시선이 고정되었다.

제주도에 귀촌해 새로운 인생길을 걷고 있는 60살 남자는 도시생활을 벗어난 동기를 이렇게 말했다.

"되돌아보니 내가 나 자신을 위해 치열하게 살았던 적은 없었더군요. 이제는 나 자신을 위해 치열하게 살고 싶어요. 내가 좋아하는 것들을 하면서 … ."

뒤이어 화면에 등장한 60살 여자는 40대 때부터 멀리 지리산이 보이는 전북 장수 땅에서 혼자 산골생활을 하고 있는 이유를 이렇게 설명했다.

"혼자 사는 게 좋은 점은 하루 24시간이 전부 '내 시간'이라는 것, 누구도 '내 시간'을 뺏을 수 없다는 것 … . 40∼50대에는 자기가 주체가 돼야 할 것 같아요. 이렇게 살다 보니 나의 천성을 찾아가는 것 같아요."

인생 후반에 들어선 두 남녀 모두 자연스럽게 '고독'의 의미를 잘 드러내고 있었다. 스스로 고독해지지 않으면 영혼이 평안해질 수 없다는 것을 방증하고 있었다. 홀로 놓인 시간과 공간이 진정으로 자기 자신이 원하고 바라던 것을 되찾아주는 '통로'라는 것을 이들은 실제적인 삶의 모습으로 보여주고 있었다.

산수유와 온천으로 전국에 입소문이 난 구례 산동 땅 외진 산자락에 '현천'이라는 작은 산골마을이 있다. 해마다 산수유 꽃철이 되면 전국에서 수많은 인파가 몰려드는 노고단 아래의 그 관광단지가 아니고 국도 건너편 산자락에 숨은 외딴 마을이지만, 이 마을 또한 아름다운 산수유 경치 덕분에 봄에는 관광객과 여행자로 붐빈다.

내가 지내는 곳에서 자동차로 불과 20분 거리에 위치한 이 아담한 마을에 어느 날 유명 여배우 '전인화'를 앞세워 TV 제작팀이 찾아왔다. 얼굴이 잘 알려진 배우나 연예인이 풍광이 빼어난 자연을 배경 삼아 지내는 모습을 보여 주는 예능 프로그램 〈자연스럽게〉를 제작하기 위해서였다. 작은 시골이라 입소문이 금방 퍼졌고 그래서 호기심에 이 프로그램을 어느 날 시청했다.

　선배 전인화를 찾아온 여배우 소유진이 모처럼 도시와 가족을 벗어나 산골에서 혼자 자유롭게 지내는 언니를 부러워하면서 인상적인 한마디를 툭 던졌다.

　"나도 가끔 '혼자' 있고 싶을 때가 있어요!"

　이렇게 말하는 그녀의 표정에 실제로 아쉬움과 간절함이 묻어났다. 그 말만은 연기나 설정이 아닌 진심에서 우러나온 것으로 느껴졌다. 인기배우에다가 소문난 잉꼬부부에 자식들 잘 키우며 젊은 나이에 성공한 그녀였지만, 그녀는 틈새의 '고독'을 원하고 있었다.

　한때 전국의 수많은 젊은이에게 선풍적인 인기를 끌었던

여성 아이돌 그룹 '핑클'의 멤버, 이효리, 옥주현, 이진, 성유리, 이렇게 4명의 가수가 다시 모여 캠핑카를 타고 아름다운 자연 속에서 잠시 함께 지내는 모습을 담은 TV 프로그램 〈캠핑클럽〉은 이들보다 한 세대 빠른 나에게도 퍽 재미를 주었다.

그중에서도 내가 퍽 인상 깊게 본 장면이 있었다. 이효리와 성유리가 이런저런 대화를 나누다가, 성유리가 한마디를 툭 던졌다.

"난 혼자 있으면 정말 외로움을 타는데, 혼자 있는 시간은 꼭 필요해 … ."

그러자 이효리가 공감하는 듯 대꾸했다.

"그룹 하다가 솔로 하니까 너무 신나고 재미있었어. 다 내 마음대로 하니까 … . 상순 오빠(이효리 남편)도 사람들 만나는 걸 좋아하지 않아. 혼자 있으면 너무 신나 해!"

이 장면을 보면서, 혼자 놓이는 '고독'이 드디어 성유리에게도 어떤 '신호'를 보내기 시작했다는 것을 알 수 있었다. 그리고 이효리 부부에게 혼자만의 시간이 주는, 다시 말해 '고독'이 선물하는 것이 무엇인지를 금방 알아챌 수 있었다.

'혼자 있는 시간'은 정말로 꼭 필요하다. 그리고 이렇듯 '고독'은 누구에게나 자연스럽게 신호를 보낸다. 고독은 자연스럽게 찾아온다. 인간 또한 자연의 일부이기에 자연스러운 고독은 당신과 나의 마음속에 자연스럽게 내포되어 있다.

　고독은 그 사람의 환경이나 처지를 가리지 않고 누구에게나 찾아간다.

고독 가족

이들은 실제로 고독 가족이다. 부부와 두 아들, 이렇게 네 사람이 그야말로 깊은 산속에 산다. 그것도 산꼭대기 가까운 외딴집에서 산다. 나는 그곳에 몇 번 가보았다. 강원도 인제 땅 소양호 북동쪽 맨 구석진 곳이다.

나는 이 집 가장과 오랜 인연을 맺었다. 그 부부는 남들에게 쉽사리 속내를 내비치지 않는 편이지만, 고맙게도 나에게만은 편하게 마음을 열어 주었다.

이 가족은 일 년에 한 번 아주 귀하게 타지로 가족여행을 떠난다. 작년에는 이곳 지리산으로 내게 다녀갔다. 서로 위낙 멀리 떨어져 있어 얼굴 보는 일이 쉽지 않지만, 나는 가끔 이 가족을 떠올리며 잊지 않고 산다. 그들도 그런 것 같다. 서로 마음이 열려 가슴에 잘 새겨진 인연끼리는 만나는 경우가 뜸해도 별 탈 없이 늘 그대로라서 좋다.

이 가족이 작년에 나를 만나러 왔을 때 그랬던 것처럼, 오늘도 불과 3시간 전에 번개로 연락이 왔다. 인연 닿으면 보게 될 것이고 사정이 어긋나서 못 보면 할 수 없고 … . 내 입맛에 딱 맞는 스타일이다. 나도 그런 편이니까.

3시간 뒤에 광양 땅 진월 '망덕포구'에 도착할 테니 전어 맛이 유명한 거기에서 점심이나 같이하자는 것이었다. 우리는 서로 인연이 좋아서 나는 오늘 다행히 멀리 출타하지 않고 마침 지리산을 잘 지키고 있던 참이었다. 그러잖아도 내가 조만간 한번 찾아가야겠다고 마음먹고 있었는데 무척 잘된 일이었다. 3시간 뒤, 우리는 망덕포구에서 반갑게 만났다.

나는 이들 가족이 지리산에서 하룻밤 묵고 가기를 바랐지만, 이들은 다음 행선지로 가야 할 사정이 있다고 했다. 사실

은 혹시나 해서 아까 이들을 만나러 가는 길에, 민박집을 운영하는 이곳 가까운 후배에게 잠깐 들러 미리 귀띔을 해두었는데 ⋯. 어쩔 수 없었다.

나는 불과 몇 시간 주어진 짧은 만남에서 이들 가족에게 가장 좋은 선물이 될 만한 일이 무엇일까 속으로 생각하다가 아이디어가 떠올랐다. 지리산 일대에서 유일하게 지리산맥 전체가 시원하게 보이는 해발 1천 미터 지점, 특별한 기운이 감도는 장엄한 풍광을 가진 그 장소로 안내하자는 아이디어였다. 안내 없이는 찾아가기 어려운 장소였다.

이들 가족은 나의 제안에 흔쾌히 응하며 내 차에 동승했다. 우리는 가을도 깊어가고 산길도 깊어가는 호젓한 그 길을 따라, 그리고 알 수 없는 인연을 따라 드디어 그곳에 올랐다. 그 가족은 무척 기뻐했다. 날씨도 특별히 우리를 배려한 듯 참으로 깨끗한 지리산 전경을 펼쳐 보였다. 강원도 깊은 산골의 고독 가족과 지리산 고독 사나이가 언제나 고독하고 신성한 그 장소에 함께 있었다. 우리는 인생길에서 소중하게 간직될 또 하나의 귀한 추억을 함께 공유하면서 각자의 가슴속에 깊이 챙겨 넣었다.

그 가족은 다음 행선지인 거창 쪽으로 갈 계획이라고 했다. 나는 그들을 고속도로 톨게이트 입구까지 안내해 주었다. 우리는 이렇게 작별 인사를 나누었다.

고독은 인연을 억지로 차단하는 일이 아니다. 고독은 혼자 고독을 잘 배워서 역시나 고독한 다른 인생을 잘 만나는 일이다. 고독의 길은 진정한 소통으로 열려 있다. 별이 한데 어울려 은하수가 되듯이.

고독의 달인

법랍法臘(스님으로 살아온 세월) 50년. 19세에 출가. 세속 나이 71세. 줄곧 암자에서 혼자 생활.

약 30년 전 지리산 등산길에서 인연이 싹튼 이후로 지금까지 나와 두터운 교분을 쌓아온 어느 큰스님의 일생이다.

한문에 밝은 이분은 중국 불교서적을 여러 권 번역한 학승學僧이자 참선 또한 게을리하지 않는 선승禪僧이다. 이 스님을 소개하는 까닭은, 그가 '고독'에 관한 한 분명히 달인일 수밖에 없기 때문이다.

스님과 긴 세월에 걸쳐 공유한 추억은 너무나 많지만, 강원도 인제 '내린천', 인적 없는 깊은 산골의 추억은 내 마음 깊숙이 새겨져 아직도 생생하고 찡하다.

전날 그곳에서 하룻밤을 함께 묵은 뒤 이튿날 아침 나는 볼일이 있어 서울로 가야 했다. 스님은 '살둔 계곡' 뒤편 숲길에 내려 달라고 했다. 스님은 그 숲길을 걷고 싶다고 했다. 스님을 모셔다드린 깊은 산중에서 나는 작별인사를 나누어야 했다.

스님을 숲길 입구에 내려드리고 막 되돌아 나설 때, 자동차 거울에 다시 혼자가 된 스님의 모습이 비쳤다. 허름한 승복에 나무 지팡이를 짚고 숲길에 우두커니 선 채로, 스님은 내 차가 차츰 멀어지는 내내 꼼짝 않고 바라보고 계셨다.

구부러진 지점에서 내 차가 마침내 보이지 않을 때쯤 비로소 스님은 몸을 돌려 발걸음을 떼기 시작했다. 이번에는 내가 차를 멈추어 거울에 비친 스님의 뒷모습을 물끄러미 바라보았다. 나는 스님의 모습이 점점 작아져 마침내 깊은 숲속으로 사라질 때까지 지켜보았다.

그 순간 나는 '모습이 눈에 보이다가 끝내 사라진다는

것'이 어떤 느낌인지를 각별하게 깨닫고 마음속에 새기게 되었다. 그리고 서로 끈끈하게 마음을 나눈 사람들마저도 각자에게는 혼자만의 갈 길이 따로 놓여 있다는 것을 더욱 새삼스럽게 알게 되었다.

그는 지리산 암자에 오래 머물다가 인연 따라 지금은 경북 문경 깊은 산속 암자에서 지내고 있다. 젊은 시절부터 혼자 지내는 것이 편했다는 말씀을 나에게 가끔 들려주었다.

나는 스님이 안거수행에 들어가기 직전이나 수행이 해제된 직후에 종종 찾아뵙는다. 가는 길 삼백 킬로미터, 오는 길 삼백 킬로미터. 상당히 먼 거리지만 그래도 스님을 뵙고 나면 묵은 숙제 해결한 듯 마음이 편해진다.

그동안 스님은 나에게 정색을 하고 법문을 펼치신 적이 한 번도 없다. 만나면 그냥 평범한 이야기를 나누다가 모처럼 읍내로 나가 소박한 식사를 함께하고서 작별한다. 스님과 나의 교류는 이런 모습으로 30년을 지냈다. 그러나 스님으로부터 내가 배운 것은 많았다. 그를 만나면 내 마음은 저절로 잘 비워졌다.

고독의 달인

나의 구들방 거처에는 스님이 주신 상징적이고 귀한 물건이 여럿 있다. 번역하신 책들과 불경, 참선할 때 직접 쓰시던 때 묻은 방석, 조각상, 선시禪詩가 적힌 액자, 달마도, 염주 등등…. 스님이 스승으로부터 물려받아 수십 년 고이 간직해 왔던 소중한 사연이 담긴 것을 선뜻 건네주신 것도 있다.

스님의 정서는 출가 당시 10대 소년이었던 천진함과 낭만이 퇴색하지 않고 고스란히 남아 가끔 엉뚱해 보이거나 미소 짓게 만든다. 50여 년 전 열아홉 살 소년이 스스로 부모형제를 떠나 산속으로 들어가 머리를 깎았다. 스무 살도 채 안 된 어린 소년이 다시는 돌아오지 않을 길을 떠나 '자발적인 고독'으로 향했다. 삶의 해답을 찾아….

그 소년은 한평생 기나긴 고독의 세월을 거쳐 일흔 살을 넘긴 노승이 되었다. 그는 내내 혼자였다. 헤아릴 수 없는 숱한 고독의 순간들은 그를 끊임없이 할퀴고 시험하고 해체하고 재구성하는 되풀이를 거듭한 끝에, 그는 마침내 숲의 평정을 이루는 서어나무가 되었을 것이다.

그는 고독에 관해 입을 열지 않았다. 그의 일생 자체가 통

째로 고독이었기 때문일까.

    지리산 나의 거처 구들방 창문 너머 서쪽 하늘이 오늘도 어제처럼 붉게 물들고 있다. 어둠에 잠겨 검은 실루엣으로 변한 능선과 붉은 하늘이 서로 맞닿아 있으면서도 경계선이 분명하다. 이윽고 어둠이 더 깊어지면 능선과 하늘은 그냥 하나의 어둠이 되어 합쳐질 것이다. 그 어둠 속에서 다시 달과 별이 조용히 빛날 것이다.

    지금 이 순간 나는 어둠이 내린 산자락 구들방에 혼자 놓여 있다. 삼백 킬로미터 멀리 떨어진 깊은 산속 암자에서 지금쯤 스님도 50년째 혼자 놓여 있을 것이다. 당신과 나의 영혼은 원초적으로 고독과 더불어 있다. 비록 사람들 틈바구니에 있더라도 당신의 영혼은 여전히 그러하다.

나라를 움직인 외로움

최근 영국정부의 장관 직책 중 세계 최초로 '외로움 담당 장관'(Minister for Loneliness) 이 신설됐다. 내가 보기에 이것은 매우 주목할 사건이다.

아마 인류 역사상 국가가 탄생한 이래로 이렇게 나라 전체를 이끌어 가는 내각에 '외로움부部'라는 공식 명칭이 부여되어 새로운 책임과 역할이 맡겨진 전례는 없었을 것이다. 그 나라 사람들의 문제의식이 그만큼 깨어 있고 앞서간다는 점에서, 영국사회의 선견지명과 안목은 참으로 놀랍고 존경스럽기까지 하다.

더구나 오늘날 세상은 국경을 초월한 글로벌 인터넷망과 디지털 플랫폼으로 촘촘히 연결되어 온갖 가치관과 문제의식이 거의 무제한적으로 교류되고 공유되는 시대라는 점을 감안하면, 영국 같은 선진국이 마주치고 있는 사회문제는 다른 나라들에게도 '강 건너 불'이 아닐 것이다.

이 책의 머리글에서 '고독'과 '외로움'을 구분 지었던 기준으로 본다면, 영국정부에 신설된 부서는 엄밀히 말해 '고독부'가 아니라 '외로움부'라고 해석되는 게 더 적절할 것이다. 고독은 사회적으로 문제가 되지 않지만 외로움은 외로운 인간이 많아질수록 갖가지 부정적인 파생을 일으킨다는 점에서 사회문제가 아닐 수 없기 때문이다.

고독은 긍정적 에너지를 만드는 반면, 외로움은 저항과 충돌을 빚어낸다. 영국사회에서 외로움에 처한 사람들로 인해 발생하는 사회적 부담과 비용이 만만치 않은 형편에 이르렀기에 마침내 전담 기관이 생겨났을 것이다.

영어 표현에서도 '고독'은 '솔리튜드'(*solitude*) 그리고 '외로움'은 '로운리니스'(*loneliness*)라고 서로 다른 뉘앙스를 풍긴다. 고독은 혼자 놓인 순백한 '상태'를 뜻하지만, 외로움

은 '감정'을 동반한다. 인간이 혼자 될 때 외로워지기 십상
이지만, 번뇌와 괴로움이 뒤따르는 그 외로움을 잘 극복하
고 정화할 때 고독이라는 순수한 상태로 한 단계 업그레이
드되는 것이라 볼 수 있다.

　기술과 정보문명의 급속한 발달과 개인주의적 가치관의
심화로 우리가 알게 모르게 시름시름 병들어 가는 현대사
회는 1인가구와 독신자를 갈수록 양산하는 생활환경 변화

를 초래해 이른바 '외로운 인간'이 여기저기 수두룩하고 상당한 비중을 차지하기에 이르렀다. 실제 우리나라에서도 앞으로 25년 뒤에는 1인가구 비율이 무려 36%를 차지할 것이라고 한다. 한 세대만 더 지나면 사연이 무엇이든 열 집 가운데 넉 집이 나 홀로 살게 된다는 것이다. 예상보다 더 빨라질 수도, 더 많아질 수도 있다. 이처럼 외로움은 산업경제적 측면에서든 인간적 관점에서든 사회공동체가 여러모로 깊이 생각해볼 만한, 피할 수 없는 사회문제로 대두했다.

하지만 혼자 살아가는 사람이 많아지는 것은 과연 무조건 잘못된 비극적 현상일까? 바로 이 대목에서 우리는 부정적인 '외로움'과 생산적인 '고독'을 잘 구분 지어야 할 필요 앞에 놓인다.

처음에는 한집에서 여럿이 함께 살았다고 치자. 그러나 대부분의 경우 시간이 지나면 자식은 결혼하거나 독립을 위해 부모로부터 떨어져 나간다. 그러다가 또 시간이 흐르면 나이 든 한 쌍 중에 결국 한 사람이 먼저 세상을 떠나고 홀로 된 노인이 남는다.

그리고 당신과 나, 아니 지구상의 모든 인간은 애당초 혼자 태어났다가 세상을 하직할 때에도 결국 혼자 떠난다. 거대한 인간사회도 그 기본구조를 들여다보면, 각각 저 혼자인 인간의 집합체에 지나지 않는다.

　　밤하늘의 무수한 별은 그 숫자가 인간보다 압도적으로 많다는 짐작만 할 뿐, 아는 사람이 아무도 없다. 그런데 그 엄청난 숫자의 별은 모조리 서로 거리를 두고 각각 저 혼자 떠 있다. 바로 그 우주에서, 그 하늘 아래에서 우리 인간은 태생적으로 별처럼 각각 혼자다.

　　원래부터 그러하다. 이치는 바뀌지 않는다. 이치는 바뀌지 않는다는 그 사실 하나만이 불변이다. 당신과 내가 그러한 이치를 달리 어떻게 해볼 방도는 없다. 인간 세상을 내려다보는 하늘이 애당초 인간을 지구에 내려 보낸 뜻을 바꾸지 않는 한 구조적으로, 원천적으로 불가능하다.

　　바로 이 대목에서 우리는 짚어볼 수 있다. 인간 세상이리는 것은, 그리고 인간의 관계라는 것은 살아가는 동안 매우 일시적이고 지극히 한정적이라는 것을.

따라서 당신과 나는 인간의 '혼자 됨'에 대해 가급적 일찌 감치 감 잡을수록 좋을 것이다. 특히, 긍정적인 눈으로 바라보는 게 바람직할 것이다. 그래야 나중에 마음이 크게 구멍 뚫리는 허망함에 사로잡히지 않을 것이다.

옛날 인디언이 부족의 어린 후손을 여러 날 동안 깊은 숲속이나 광야에 팽개치듯 혼자 놓아두었다가 나중에 무사히 돌아오면 성인으로 인정하는 풍습이 있었다는 것은 우주와 세상의 근본 이치를 꿰뚫는 깊은 지혜다. 그들은 인간이란 원래 '혼자'인 존재라는 것을 마음 깊이 새기고 살았을 것이다.

당신과 나는 혼자 살아가고 혼자인 상태에 놓이는 것을 두려워할 필요까지는 없다. 단 한 번밖에 없는 인생을 혼자라는 두려움에 사로잡혀 보낸다면 뭔가 단추를 잘못 끼운 것이다. 사람이 결국 혼자인 이치는 그 '너머'에 분명히 그러한 까닭이 있을 것이다. 우리는 고독에 대해 더 깊이 더 잘 깨우쳐야 한다.

고독과 외로움 사이에서 허우적거리지 않고 오히려 정면

으로 이를 응시하면서 뚫고 지나가 벗어나서 그 '너머'까지 도달하는 사람이 있었다는 것은 당신과 나에게 커다란 암시이자 희망이다.

붓다가 되기 전 인도 왕자 고타마 싯다르타는 히말라야 깊은 산속에서 오랜 세월을 혼자 지냈다. 예수는 광야에서 혼자 극도의 육체적·정신적 난관을 극복한 끝에 마침내 신을 만났다. 무시 못 할 인구를 가진 이슬람교 창시자 무함마드는 30대부터 약 10년 동안 사우디아라비아 메카 근방의 산속 동굴에 혼자 들어가 깊은 사색과 명상을 통해 마침내 알라를 만난 것으로 전해진다. 인간이 고독을 통해 도달할 수 있는 지점이 어디인지, 세계 3대 종교의 꼭대기에 있는 세 사람의 성자가 이미 오래전에 인류에게 몸소 보여 주었다.

인간의 고독에 경제적인 문제로 접근하는 것은 천하에 어리석기 짝이 없는 일이다. 고독은 인간이 마음의 눈을 뜨도록 하늘이 특별히 선물한 실마리다. 고독은 실마리다. 고독은 암시다. 고독은 인간의 선택이 아니라 우주의 장치다.

고독은 마음의 온갖 문제를 해결하기 위해 통과해야 하는 문이다.

혼자 되는 사람이 갈수록 많아진다는 점이 오히려 '인간관계'와 '소통'의 중요성을 반사적으로 더욱 절실히 깨닫게 해주는 일대 반전이 다가오고 있음을 각성한다는 점에서, 우리는 이를 긍정적인 눈으로 바라볼 필요가 있다.

독신의 나라가 늘어 간다

고령자가 많이 늘어나다 보니 '초超고령사회'라는 용어가 만들어졌듯, 혼자 사는 독신자가 많이 늘어난 사회를 '초超솔로사회'라고 부르기 시작했다. 이른바 '솔로'가 전체 인구의 적정 비율을 훨씬 뛰어넘은 탓에 초과했다는 의미로 '초超'라는 강조형形 접두사가 붙은 것이다. 그야말로 '독신대국大國'이 세계적으로 눈에 띄게 늘어가고 있는 것이다.

한국보건사회연구원의 보고서에 따르면, 특히 유럽의 잘 사는 나라에서 1인가구 비율이 엄청나게 늘어나 아예 국가 정책의 초점이 솔로 지원에 맞추어져 있을 정도다. 스웨덴은 1인가구 비율이 무려 57%로 나라 전체 인구의 절반을 훌쩍 넘어섰다. 세계 제1의 압도적인 독신대국이 된 것이다. 노르웨이, 덴마크, 핀란드, 독일도 그 뒤를 이어 이미 40%를 넘었다.

국가복지와 삶의 질 관점에서 우리가 부러워하는 나라들이 모조리 독신대국으로 치닫고 있는 것은 우리도 결코 무관심하게 지나칠 수 없는, 눈여겨봐야 할 특이한 현상이다.

아시아에서는 일본이 가장 선두에 있다. 일본의 1인가구 비율은 약 35%에 이른다. 일본의 경우 20년 뒤에는 15세 이상 인구의 절반이 혼자 살아가는 시대가 닥칠 것으로 예상된다. 그 추세에 맞춰 사회가 송두리째 바뀌는 일이 닥치고 있는 것이다. 한국은 약 29%로 전체 인구의 3분의 1에 육박한다. 미국도 28%로 한국과 비슷한 추세에 놓여 있다.

자! 통계에서 보이듯 세계적으로 대표적인 나라들이 '초솔로사회'로 치닫고 있다는 점에 비추어, 이른바 '독신', '싱글', '솔로'는 장차 세계의 미래사회 모습이라고 예견할 만하다. 원하든 원하지 않든 간에 세상이 그런 쪽을 향해 가고 있는 것이다.

순수한 우리말 '홀로'라는 표현의 발음이 영어로 혼자임을 뜻하는 단어 '솔로'(solo)와 얼핏 비슷한 점은 흥미롭다. 하기야 미국사람의 고독과 한국인의 고독에 본질적으로 차이가 있을 리 없기에 발음마저 비슷한 것은 그럴듯한 인접성이 느껴진다.

일본사람이 혼자 지내는 사람을 가리켜 쓰는 표현 중 '솔로쥬'라는 말이 있다. 여기서 '솔로'는 영어를 그대로 따온 것이고, '쥬'라는 말은 우리말로 치면 '충'인데, 충분하다 또는 충실하다는 뜻의 한자 '충充'이라고 한다. 즉, 혼자 있는 시간을 '충실하게 즐기며' 보내는 사람이라는 의미가 붙은 것이다. 홀로 있고 홀로 지내는 상황을 뭔가 잘못된 일로 받아들이지 않고, 오히려 긍정적으로 바라본다는 점에서 주목할 만하다.

바야흐로 인간이 엄연히 개별적으로 존재하는 '고독상태'가 모여 인간세상이 점점 더 '고독사회'가 되어가는 현대의 두드러진 특징은, 뭔가 쓰나미 같은 거대한 파도가 밀어닥치는 것 같은 느낌을 던진다.

'4차 산업혁명'이나 '인공지능'(AI)에만 주목할 게 아니라, 인간의 본질적 성분인 '고독'에 대해 그리고 고독끼리의 '관계'에 대해 새삼 진지하게 바라볼 필요가 있다는 것을 깊이 있게 사색해 봐야 할 것이다. 이제 고독은, 그리고 그것의 곁가지인 '외로움'은 우리 모두에게 버젓한 인생문제로 다루어져야 마땅하다. 내가 이 책을 쓰게 된 동기이자 연유다.

나는 자발적인 고독이 되어 그 고독으로 다시 한 번 세상을 정면으로 바라보고 있다. 지리산 구석진 곳에서도 세상은 보인다.

외로움의 정체

몸과 마음이 힘들고, 그래서 슬프고 우울하고 속상해서 남몰래 눈물 훔치는 사람이 우리 주변에 상당히 많다는 사실은 우리 사회에 외롭고 쓸쓸한 인간이 많다는 '표지판'이다.

공개되거나 드러나지 않는 개인 사이의 문자나 카카오톡에도 사람들의 슬프고 부정적인 감정은 무수히 들어 있을 테지만, 이 부분을 제외하더라도 트위터나 블로그 등 온라인에 나타난 사람들의 감성 연관어 가운데 슬픔과 관련된 단어가 날마다 헤아릴 수 없이 수두룩하다. 그중에서도 특히 '힘들다'는 표현이 51%로 절반을 넘어선다는 분석 결과는 외로움이 개인문제를 넘어 사회문제이며, 현대인의 심리상태에서 매우 중요한 비중을 차지하고 있다는 점을 뚜렷이 보여 준다.

어느 일간신문과 포털 기업이 빅데이터 70억 건을 분석해 보니 우리 사회를 살아가는 사람의 감성에 관해 주목할 만한 현상들이 드러났다. 특히, '하루하루가 힘들다'는 언급은 블로그를 기준으로 하루에 무려 노출 빈도 32만 건을 훌쩍 넘어서는 것으로 나타났다고 한다. 다음은 이 분석조사에서 수집되어 보도된 것을 내가 요약·발췌한 것이다.

18세 고등학교 3학년 학생: 연애도 하고 싶고 여행도 가고
    싶지만 불가능하다. 내가 하고 싶은 것이 모두 나와
    동떨어진 일이라고 생각하니 슬프다.
24세 계약직 청년: 나의 돈벌이에 대해 주변 사람에게 부풀려
    거짓말을 하고 후회하는 자책감이 되풀이된다. 미래에
    대한 희망이 없어 슬프다. 실패자가 되지 않을까
    걱정되고 우울할 때가 많다.
53세 비정규직 노동자: 하루 12시간씩 일하다가 청춘이 다

지나가 버렸다. 노후대책이란 나에게 먼 나라 얘기이고 사치다. 자식 뒷바라지에 빚을 져야 할 판이니 자꾸 눈물만 난다.

73세 은퇴자: 웰다잉에 대해 고민하게 된다. 대학 동기 가운데 절반가량이 세상을 떠났다. 친구들의 죽음이 믿기지 않아 자주 울적해진다.

이 인터뷰는 연령대별로 처한 환경과 처지에 따라 생생한 체험이 묻어나는 개인적 고백이다. 더 큰 그림으로 보면 10대부터 70대에 이르기까지, 현대를 살아가는 인간들이 공통으로 느끼는 슬픔과 우울함, 그리고 쓸쓸함, 특히 외로움에 관해 북을 두드리는 '신문고'申聞鼓다. '외로움 표지판'이다.

힘들다는 것은 결국 외롭다는 것이며, 외롭다는 감정은 힘듦을 더욱 가중한다. 외로움은 '감정'이다. 감정은 벗어날 수 있다. 감정은 자기 마음이 스스로 조작해서 덧씌운 일종의 올가미다. 특히, 부정적인 감정은 스스로 제조해서 마시는 독극물에 다름 아니다.

감정은 '자작극'이다. 자신의 감정을 끝까지 '추적'하고 '응시'해서 그 정체를 낱낱이 들여다보기 시작하면, 그 맨 밑바닥에 '순수한 고독'이 마치 모래 속에 숨겨진 보석처럼 힐끗 모습을 드러낸다. 감정의 껍데기가 떨어져 나가는 순간, 외로움은 영혼의 순수한 '고독'으로 마법처럼 바뀌어 무거운 쇳덩이처럼 가라앉았던 당신을 잔잔한 물결 위의 종이배처럼 가볍게 띄운다. 당신은 그 물길을 따라 그냥 저항 없이 흐르면 그만이다.

외로움의 정체

외로움을 제대로 다루는 방법은 '응시'다. 당신은 외로움이 마음 한구석에서 안개처럼 피어오를 때, 그 안개 속에 비록 아직 희미하지만 어떤 오솔길이 있다는 것을 알아차려야 한다.

외로움은 사실 맨 밑바닥이 아니다. 외로움은 반전이 가능하다는 것을 암시하는 문門이다. 당신이 무척 외롭다고 느낄 때, 당신은 어떤 '문 앞에' 서 있는 것이다.

작자 미상의 옛사람이 남긴 시 한 구절이 있다.

산길 끊기고 물길 숨어 버려 더 이상 길이 없는 줄 알았는데
버드나무 언덕 너머 희미한 빛을 더듬어 따라가 보니
마을이 또 하나 나오더라.

외로움은 마음속 깊은 곳에 숨겨진 보석이 칙칙한 차림으로 변장하고 나타난 것이다. 외로움이 사무칠 때, 당신은 외로움의 정체에 더욱 가까이 접근해야 한다.

어느 시인이 읊었다.

하늘은 구불구불한 글씨로 똑바른 메시지를 전한다.

초등학교 2학년 어린이가 쓴 〈도서관〉이라는 시가 있다.

도서관에는 책이 정말로 많이 있다.
만화책과 두꺼운 책 얇은 책.
두꺼운 책 앞에서는 나도 두꺼워진다.

당신과 나의 인생 도서관에는 책만큼이나 수많은 생각과 감정이 있다. 오늘 하루 두꺼운 생각보다 가볍고 즐거운 생각으로 어린아이처럼 단순해지는 마음 가벼운 날이 되기를….

글을 쓰고 노트북을 막 넓는 순간, 잠으로 공교로운 일이 벌어졌다. 죽은 벌 한 마리가 천장 서까래에서 내 책상 위로 툭 하며 떨어졌다. 허름하고 낡은 한옥 어느 틈새로 들어왔던 벌이 '나갈 길'을 찾지 못하고 헤매다 끝내 목숨이 다한 모양이다.

　나는 이 죽은 벌을 잠시 들여다보다가 흰 종이 위에 가만히 얹어 마당에 내다 버렸다. 벌도 마침내 제 몸뚱이를 벗어 버린 것이다. 내 머리 위 서까래에서 힘겹게 버티었을 이 벌의 영혼은 어디로 갔을까.

외톨이 사나이

온천 가는 큰길가 커피숍에서 몇 번 마주친 적 있는 내 또래의 그 사나이는 더운 날씨에도 땡볕 내리쬐는 커피숍 바깥 테이블에 혼자 물끄러미 앉아 있었다.

그는 등을 보이며 앉아 있다가 차에서 내리는 나를 아주 느리게 고개를 돌려 가만히 쳐다보았다. 모르는 사람에게 보내는 시선치고는 이상스러울 만큼 꽤 길었다. 그의 다소 수상쩍은 듯한 시선을 의식하면서 커피숍 안으로 들어섰다.

커피숍 안은 시원했지만 그 사나이는 무더운 바깥 테이블에 계속 앉아 있었다. 나와 친숙한 바리스타가 다른 손님

없이 텅 빈 커피숍을 혼자 지키고 있다가 나를 반갑게 맞이했다.

내가 고개를 돌리니 그 사나이는 이번에는 내가 바리스타와 얘기를 나누는 광경을 유리창 바깥에서 빤히 쳐다보고 있었다. 별일 같은 느낌이 들어 내가 바리스타에게 물었다.

"바깥에 있는 저 양반 혹시 아는 사람이오? 아까부터 나를 계속 쳐다보네?"

바리스타는 상황을 어느 정도 파악한 듯, 재빠르게 대답했다.

"아, 네! 자주 오는 분이에요. 그런데 몸도 아프고 사정도 참 딱한 분이에요."

내가 다시 물었다.

"어디가 많이 아픈가? 그러고 보니 아까 나를 쳐다볼 때 동작이 보통 사람보다 많이 느린 것 같긴 하던데 … ."

"네! 걷는 것도 무척 불편한데 … . 뇌졸중을 맞았고 당뇨도 심하고, 몸이 영 신통치 못하다고 하네요. 저기 윗마을에 혼자 산대요. 원래 이 동네 분인데 옛날에는 돈도 많이 벌었고 아주 잘나갔대요. 그래서 외국으로 이민 가서 지냈는데,

몇 년 전 달랑 혼자서 고향으로 돌아와 다른 가족도 없이 저렇게 딱하게 사는가 봐요."

바리스타 이야기를 들어 보니 대충 그 사나이의 상황이 짐작이 갔다. 바리스타가 말을 이었다.

"남미에 아들이 하나 살고 있다는데, 부인과는 무슨 사정인지 헤어진 것 같고 … . 제가 가끔 말 상대를 해주지만, 외로운 처지라 그런지 일단 한번 말이 섞이면 계속 대화를 끊질 않는 바람에 제가 일을 못할 정도라니까요. 말 상대를 해주고 나면 며칠씩 날마다 올 때도 있어요."

바깥 그 사나이에 관해 자세히 상황 설명을 하던 바리스타가 그 사나이 쪽을 쳐다보더니, 갑자기 서둘러 바깥으로 나갔다. 무슨 일인가 싶어 나도 고개를 돌려 보았더니, 그 사나이는 매우 느린 동작으로 난간을 붙들고 조금씩 움직여 계단을 애써 내려가는 중이었다.

바리스타가 뭔가 도움을 주려고 사나이에게 가까이 갔으나 사나이는 손사래를 치며 바리스타와 무슨 말을 주고받았다. 잠시 후 사나이의 모습은 내 시야에서 벗어났다.

커피숍 안으로 돌아온 바리스타가 내게 다시 말을 이어 갔다.

"저 양반이 그러는데, 선생님이 자기 친구랑 너무 닮아서 친구인 줄 알고 한참 쳐다봤던 거래요. 그래서 제가 그렇지 않다고 말해 줬어요."

바리스타로부터 거의 모든 이야기를 전해 들은 나는 왠지 마음이 무거워지는 것을 느꼈다. 다음에 그 사나이를 다시 마주치면 딱한 감정이 되살아날 것 같은 예감이 들었다. 나도 이곳에서 혼자 지내지만, 그래도 나는 자발적으로 선택한 귀향이었다. 애당초 고독한 상황을 예상하고 내려온 것이다. 하지만 그 사나이에게 귀향은 일종의 막다른 골목 같은 게 아니었을까.

인생이란 무척 짧기도 하지만 때로는 그 안에 한없이 긴 이야기가 담긴, 세상에 단 한 권밖에 없는 책 같은 것이기도 하다. 그리고 다른 사람의 살아온 내막과 사정이 아무리 딱하고 안타까워도 그 사람과 나 사이에 뾰족한 인연이 없는 한, 무작정 다가가 아는 체하거나 그 사람의 무거운 마음을 달리 덜어줄 방법은 없어 보인다. 더구나 때로는 연민마저도 상처가 될 수 있다.

인생은 자기에게 주어진 무게를 혼자 오롯이 짊어지거나 내려놓는 일이다. 그 사나이의 남은 삶이 얼마나 될지, 또 어떻게 될지 내 삶에 대해서도 잘 모르는 내가 어찌할 것인가. 나로서도 내 길을 혼자 걸어갈 수밖에 없다.

삶은 고독을 만나 그것을 뚫고 지나가거나 그 외로운 벌판에서 한참을 헤매는, 자기 혼자만의 트레킹이다.

커피숍에서 마을로 돌아오는 길에 저 앞에 올려다보이는 노고단 산봉우리를 짙은 회색구름이 덮고 있었다. 그 너머 구름 틈새로 보이는 하늘은 맑은 코발트빛으로 텅 비어 두드러지게 깨끗했다.

가없은 외로움

또래 A의 삶은 두 가지 특징을 가졌다. 거의 날마다 대문 밖을 나서는 일 없이 온종일 집 안에 틀어박혀 지낸다. 하루 종일 공상에 사로잡혀 주로 컴퓨터 앞에 앉아 있거나, 주변 사람들 스마트폰에 부질없는 내용을 띄워 보낸다. 젊은 시절 천재 소리를 듣던 그는 은퇴 후 자기 아내와 거의 365일을 함께 붙어 지내면서 아내의 그늘 아래 일부러 숨어서, 짐짓 매우 무능력하고 무척 순종하는 남편이 되어 좀처럼 의견이나 주장 없이 아내가 하자는 대로 무조건 따르며 하루하루를 보낸다.

나는 그와 오랜 인연이 있다. 사람은 더없이 순하지만 마치 뼈 없는 무척추동물처럼 흐물흐물하게 사는 모양이 안타까워 꽤 오랜 시간 동안 자주 '새롭게 사는 처방'을 제시해 보기도 했다.

그는 도무지 달라지기는커녕 줄기찬 공상 속에 만나는 친구도 거의 없이 말년을 떠내려 보내고 있다. 이제는 그의 육체마저 합병증의 문턱에서 위태롭기까지 하다. 그에게 수없이 이런저런 자극을 주어 보기도 했지만 철옹성처럼 먹혀들지 않는다. 나로서는 이제 그에게 더 이상 해줄 만한 게 없다. 그를 가끔 만나면 연민만 남은 채 발길을 돌리게 된다.

누가 뭐라든지 그의 인생을 대신해줄 수는 없을뿐더러, 어쨌든 그의 인생은 그의 것이다. 인생길에서 만난 가장 오래된 인연이 도무지 문턱을 넘나들 수 없는 '빠삐용'이 되어버린 것에 참으로 울적해진다.

그를 일부러 찾아가 만나고 돌아온 저녁 하늘에 무심한 샛별이 반짝였다. 저 별은 얼마나 많은 인생의 모습을 보았

을까. 같은 별 아래에서 인생들이 펼치는 모습은 각양각색이다. 나는 그가 정말 안쓰럽다. 그는 가엾은 외로움이다.

외로움은 가엾은 모습으로 점점 더 깊이 가라앉는다. 반면 고독은 가라앉지 않고 공처럼 물 위로 뜬다.

비좁은 외로움

또래 B는 뚜렷한 특징을 가졌다. 그의 하루하루는 전날과 거의 한 치의 오차도 없이 똑같다. 그의 이튿날이 궁금하다면 그의 어제와 오늘을 보면 틀림없다. 심지어 그가 무료해지는 시간과 그 무료함을 메우기 위해 여기저기서 온갖 잡동사니 소식을 나에게 보내는 시간마저 거의 정확히 일치한다. 그의 얘기로 미루어 짐작건대 그는 이른 새벽부터 잠자리에 들 때까지 놀라울 정도로 치밀한 스케줄과 시간표에 맞추어 살아간다. 더구나 그는 직장인이 아니라 은퇴자인데도 그렇다.

내가 보기에 그를 그런 식으로 정확한 틀에 맞추어 살도록 만든 것은 뜻밖에도 두려움과 지나친 소심함이다. 그는 무엇이든 새로운 변수가 끼어드는 것을 용납하지 못하며, 그가 단단히 고정해 놓은 모든 틀을 누가 조금이라도 건드리면 변형이나 융통성이 나타나기는커녕 더욱 경직된다. 못 하나라도 그가 박은 그 상태가 그대로 유지되어야 한다.

내가 그를 가끔 만나는 음식점은 퇴직 이래 줄곧 몇 군데로 변함없이 일정하고, 메뉴도 항상 그가 원하는 것으로 정해지며, 소주 한잔 나누다가도 그가 자리를 뜨는 시간은 대통령 스케줄보다도 더 엄격하다. 자기가 정해 놓은 시간에 잠자리에 들어야 하기 때문이다. 술자리 분위기가 제아무리 얼큰해지더라도 그가 작별을 고하는 시간이 달라졌던 사례는 내 기억에 없다.

그에게 나는 오랜 세월 동안 틈날 때마다 '틀을 한번 깨부수어 보라'고 설득하고 권유하고 압박하고 핀잔을 주기도 했지만, 그는 콘크리트처럼 오늘까지도 요지부동이다.

그는 경제적으로 꽤 여유도 있고 풍족한 편이지만 그의 육체적 행동반경은 매우 제한적이어서, 어쩌다가 서울을 벗어나거나 비행기를 타는 경우는 그에게 일대 사건이나 다름없다. 나는 그에게 바로 그런 '사건'을 더 많이, 더 자주 일으켜 보라고 조언했지만, 그는 잠시 팽창했다가 어김없이 제자리로 돌아오는 고무줄처럼 자기 틀 속에 갇히는 것이 오히려 훨씬 편하고 안심이 되는 모양이다.

나는 그에게 기차나 고속버스로 지리산에 내려오기만 하면 다 알아서 챙겨 주겠노라고 수없이 권했다. 그러나 그는 아주 오래전에 한 번 반짝 다녀간 것 이상으로 더 건질 것도, 더 나을 것도 없다는 고정관념에 사로잡힌 듯 대답 없는 메아리가 된다. 나만 머쓱해서 나도 이제는 더 이상 얘기를 꺼내지 않는다. 이젠 살아갈 날도 그다지 길게 남지 않았는데….

이 친구를 보면, 그와는 정반대로 매우 도전적이고 모험적인 다른 친구가 생각난다. 그 친구는 경제적 형편이 썩 넉넉한 편은 아니면서도 가끔 불쑥 저지르듯 혼자 배낭을 꾸려 무려 몇 달에 걸쳐 중국이나 유라시아를 겁도 없이 누빈다. 요즘은 중남미 12개 나라를 6개월 이상 다녀 보겠다는 야심

찬 포부로 스페인어 학원에 다니고 있다.

이 글 속의 주인공 또래 B는 보나 마나 내일 새벽부터 내일 밤까지 오늘과 똑같은 일과를 보낼 것이다. 하늘의 구름은 한순간도 같은 모양 없이 시시각각 변화무쌍하건만, B가 초지일관 걷는 길은 노폭도 일정하고 보폭도 일정하며 아스팔트 깔린 일직선이다. 그는 비포장도로와 샛길을 선호하지 않는다.

그가 길섶에서 문득 야생화에 홀리어 한참을 바라보거나, 저쪽으로 나 있는 오솔길을 발견하고 그 길로 발걸음을 바꾸는 일은 아쉽게도 당분간 일어나지 않을 것 같다. 그의 마음은 언제나 똑같은 시계판 위에서 정확히 한 칸씩만 움직이는 초침 같다.

시계가 고장 나고 초침이 어긋나도 사실 인생 근본에는 별 탈이 없음을 그는 언제쯤 눈치챌까. 삶과 영혼은 처음부터 인간이 의도하지 않아도 안전하며, 치밀한 계획 없이도 마지막까지 안전하다는 이치에 그가 눈뜨기를 우정으로 바란다.

내가 보기에 그는 비좁은 외로움에 갇혔다.

외로움은 넓은 집에 살아도 사람을 비좁은 공간에 가둔다. 반면 고독은 단칸방에 살아도 공간을 자유롭게 넘나든다. 고독은 시간과 공간을 널찍하게 쓴다.

가출하는 외로움

마음은 자기 몸뚱이 바깥으로 뛰쳐나가지 않고 내면에 머물 때 비로소 제 길을 찾기 시작하는 법이다.

또래 C는 거의 날마다 혼자 있을 틈이 없었다. 그는 날마다 모임이 있거나 누군가를 만나야만 했다. 그런 그는 외견상 매우 사교적이었지만, 언제나 뒤끝이 지쳐 있었다. 그는 가끔 매우 허탈해했다. 왜일까.

그는 외로운 상태를 견디지 못하고 툭 하면 사람을 만났지만 그것 또한 버거워 보였다. 그는 '관계'의 하중을 지나치게 초과해 추구했다. 그는 한 손에는 외로움을 쥐고 다른 한 손에도 관계를 덜어 내지 못한 채, 둘 다 긴장상태로 바짝 쥐고 있었다. 그의 양손은 언제나 비어 있을 때가 없었다.

관계를 적당히 줄이거나 덜어내 보라고, 가끔은 혼자가 되어 보라고 권했지만, 그는 소외되는 것 같아 망설이는 눈치였다. 그는 두려움과 집착에 사로잡혀 있었다. 두려움과 집착을 가지고 쉼 없이 저글링을 되풀이했다. 그가 두려움을 싫어하는 것마저도 싫어하는 '욕심'에 가까워 보였다. 욕심에도 양극화가 있다. 무엇을 가지려고, 얻으려고 안간힘을 쓰면서 끌어안으려는 것도 욕심이지만, 무엇이 자기 마음에 싫다고 힘껏 내밀치는 것 또한 일종의 싫어하는 욕심이다.

마음속 깊은 곳을 들여다 본 옛 구도자가 말했다.

깨닫는 길은 어렵지 않다. 좋아하는 마음과 싫이히는 마음, 둘다 오로지 내려놓으면 된다.

또래 C는 어느 날 속마음을 나에게 넌지시 털어놓았다.

"내가 도대체 뭘 하며 사는지 가끔 의문이 들 때가 있어. 지금 이러고 있는 것이 왠지 아닌 것 같다는 생각이 들어."

나는 그에게 조언했다.

"고민이 된다니 매우 희망적인 각성이 꿈틀거리기 시작한 모양이군. 스스로 의문이 일어나고 뭔가 새로운 길을 찾으려는 마음이 생긴다면 그것은 탈출구 앞에 가까이 다가섰다는 방증이 아닐까?"

그는 내 말에 공감을 표했다. 특히, 혼자 있는 시간, 즉 자기만의 조용한 '틈새'를 자주 만들어 보라는 얘기에 관심이 끌린다고 했다.

누구나 혼자 된 시간과 공간 없이 자기 자신을 만날 방법은 없다. 가끔 당신이 혼자서 훌쩍 어디론가 떠나고 싶다면, 그것은 당신 마음 한구석에서 새로 싹튼 그 무엇이 당신에게 간절하게 신호를 보내고 있다는 암시이자 징표다. 당신은 무엇인가를 알아내고 싶어 하는 것이다. 바깥이 아닌 내면에서 진정으로 응시하고 싶은 그 무엇이 아직 흐릿하나마 점차 윤곽을 드러내는 기색을 느끼기 시작한 것이다.

자신이 과연 누구인지, 도대체 삶에서 무엇을 원하는지, 당신은 인적이 드문 호젓한 오솔길을 더듬어 올라가 그 길 *끄*트머리에 나타날 마음속 옹달샘을 찾고 있는 것이다.

또래 C는 그 이후로 조금씩 달라지기 시작했다. 가끔 나에게 여행사진이나 고즈넉한 풍경사진을 보내왔다. 그는 새롭게 변화되어 더 이상 바깥을 두리번거리지 않고 자기 안쪽을 들여다보기 시작했다. 그는 언젠가 자기만의 오솔길에서 안개가 걷히는 날을 맞이하게 될 것이다.

외로움은 어떤 이에게는 고독으로 건너가는 징검다리가 된다.

감추려 애쓰는 외로움

또래 D는 그가 몸담은 조직에서 가장 윗자리에 있다. 더구나 그가 앉은 자리는 정년도 임기 제한도 없는 종신직이라, 자기 몸만 받쳐 준다면 그야말로 세상 떠나기 직전까지 아주 길게 보장되어 있다.

하지만 감투 노릇과 개인, 이렇게 두 가지 삶을 계속 살아야 하는 그 괴리와 부조화의 틈바구니에 끼어, 그는 주변 다른 사람에게 자기 속내를 털어놓기보다는 오히려 어느 구름에 비가 들어 있을지 모른다는 불신과 의구심에 갇혀 생각과 마음을 더욱 깊이 감추는 쪽으로 숨는 느낌을 준다.

더구나 성격까지 매우 내성적이고 망설임이 많은 편이라, 온갖 스트레스를 터뜨리기보다는 끙끙 앓으면서 안으로 꾹꾹 눌러 담는 모습이 오랜 친구인 내 눈에는 무척 걱정스럽게 보인다. 게다가 건강까지 별로 좋지 않다 보니 저렇게 살다가 어느 날 갑자기 한 방에 무너지고 쓰러질 것 같은 위태로움이 느껴진다.

그래서 나는 그를 가끔 만날 때마다 이제 물러나는 나이를 스스로 가늠하고 잘 정해서, 조용히 준비하고 대비하는 일을 소홀히 여기지 말라고 누누이 충고한다. 그러나 그는 수긍하면서도 여전히 무엇인가에 머리채를 잡혀 끌려가는 것처럼 한숨만 길게 내쉴 뿐이니 안타깝기 그지없다.

그를 위해 내가 고작 해줄 수 있는 것은 가끔 먼 길 찾아가 밥을 같이 먹는 일이다. 이제는 친구의 간이 나빠져 술한 모금 못 마시는 형편이라, 둘이 조용한 카페에 앉아 술도나 혼자 마시면서 추억의 노래 몇 곡을 부르거나 권하다가 서로 말없이 어깨를 두드리고 작별하는 쓸쓸한 모양새가 반복되는 지경에 이르렀다.

감추려 애쓰는 외로움

그를 만나러 가는 길 위에서 그리고 돌아오는 길 위에서, 나는 돈, 명예, 권세 이런 것들이 인간을 결국 부질없고 덧없는 낭떠러지 앞에 데려다 놓을 뿐이라는 엄중한 이치를 더욱 절실하게 되새기게 된다. 모두가 한바탕 뜬구름인 것을….

해가 어느덧 저물어 가는 또래 D의 인생길에 남은 것이라곤 쇠약해진 몸뚱이와 점점 깊어가는 외로움, 두 가지뿐이다. 그러나 안타깝게도 외로움의 늪에서 마지막 온 힘을 다해 박차고 빠져나와야 할 당사자는 내가 아닌 그 자신일 뿐이다. 내가 할 수 있는 것은 손을 내미는 일밖에 없다. 나는 그가 내 손을 꽉 잡고 거기서 나오기를 진심으로 바란다.

외로움은 가면 뒤로 자신을 감추고 싶어 한다. 하지만 그 가면에는 두려움이라는 글자가 뚜렷이 새겨져 있다. 반면 고독은 무심하게 스스로를 노출한다. 고독은 노출 같은 것에는 애당초 관심이 없다.

감추려 애쓰는 외로움

친구 생각에 꿀꿀해진 나를 처마 너머로 느리게 흘러가는 지리산 뭉게구름이 무심하게 내려다보고 있다. 머릿속은 쏜살같은 세월을 가늠해 보지만, 내가 제아무리 재주를 부려도 살아낼 수 있는 날은 다시 주어진 오늘 단 하루뿐이다. 오늘도 완전 연소해야겠지.

다시 혼자 놓인 제자리

무려 석 달에 걸쳐 몹시 출렁거렸던 인연의 그물다리를 다행스럽게 잘 건너서 조용한 나만의 오솔길에 다시 돌아왔다.

작년 초부터 지리산에서 네 번째 책을 쓰느라 고단했던 분주함이 마무리되고 나니 어느새 여름이 찾아와 있었다. 긴 터널을 빠져나온 느낌이었다. 내 삶의 물결이 평소의 잔잔함을 되찾았다.

지리산 자락에 놓여 고독을 벗 삼아 써내려간 나의 네 번째 글 《작은 것들의 행복》이 탈고 이후 책으로 만들어지는 두 달 동안 경기도 파주 출판사로 틈틈이 장거리 나들이를 할 수밖에 없었다. 고마운 출판사 사람들의 배려와 수고 덕분에 책이 출간되자마자 이런저런 인연의 흐름을 타고 한동안 분주한 날들이 거듭 이어졌다. 감사하게도 서울과 광주의 몇 군데 방송사에서 TV와 라디오 그리고 유튜브 생방송에 나를 초대하거나 인터뷰했고, 또 나는 나대로 인생길에 좋은 인연을 맺은 사람들에게 우편을 이용하지 않고 일일이 직접 대면해서 책을 선물하느라 서울과 지방 이곳저곳을 분주하게 뛰어다녔다.

이렇듯 불가피하게 시골집을 비우는 일이 잦았지만 내게는 엄연한 삶의 터전인지라, 객지에서 시간을 보내면서도 틈새마다 서둘러 산자락 거처에 돌아와 보면 마당에 놓아둔 길고양이 밥그릇은 흙먼지가 끼고 빗물이 고인 썰렁한 모습으로 나를 원망하듯 곱지 않은 시선으로 쏘아보는 것 같아 자책감이 들었다.

평소 같으면 새벽부터 마당에 나타나 밥 주기를 기다리던 앙증맞은 새끼 길고양이 4남매와 그 어미는 먹이를 주던 인간의 부재를 눈치챈 듯 토라져서 한참 동안 보이질 않다

가, 나의 인기척에 반가움인지 거만함인지 뒤늦게 다시 마당을 어슬렁거렸다. 날마다 감나무 가지에 날아들어 고양이 먹잇감을 훔쳐 먹는 재미가 쏠쏠했던 물까치들도 주인이 오래 집을 비운 것을 알고는 아예 한동안 찾아오질 않으니, 내가 집을 비우는 일이 고양이와 까치에게는 예상치 못한 생계문제였을 것이라는 자각이 들었다.

그러다 보니 집 안에도 생기가 나돌 리 없었다. 집이란 곳은 역시 생명 존재들이 머물고 드나들어야만 의미가 있다. 내가 집을 한참 비우면 이렇듯 금방 허전한 티가 뚜렷했다.

하지만 식물인 백일홍은 전혀 달랐다. 백일홍은 내가 집을 비웠든 말든, 고양이가 삐졌든 말든, 물까치가 찾아오든 말든 아랑곳하지 않고, 오히려 작년보다 훨씬 더 많은 꽃송이를 흠뻑 피워 내서 마침내 제자리에 돌아온 나에게 진분홍 화사한 꽃다발을 빨랫줄 너머로 살포시 내밀며 아무 일도 없었다는 듯 반겨 주었다.

백일홍의 그 무심한 환영이 너무나 마음에 들었다. 까닭모를 안도감이 나를 감싸 주었다. 나를 포함한 동물들과 다르게 식물 백일홍은 어디로 가는 법 없이 언제나 자기 자리를 잘 지키고 있었다. 나의 마음살림도 저 식물처럼 제자리를 잘 지키는 법을 배워야 할 것 같다는 깨우침이 새삼 일어났다.

다시 돌아와 찾아간 섬진강은 여전히 별일 없이 잔잔하게 흐르고 있었다. 그 강변 고즈넉한 벤치에 아무런 할 일 없이 걸터앉아 이전처럼 커피 한 모금을 음미하는 그 순간, 마음속에서 또 하나의 껍질이 떨어져 나가면서 나의 영혼이 다시 평온함을 되찾고 있다는 것을 깊이 느끼게 되었다. 별일 없는 것이야말로 별일 있는 것보다 훨씬 좋은 상황이라는 것을, 그리고 번거로움보다는 한가함이 훨씬 낫다는 것을 나는 강변에 혼자 놓인 순간에 더욱 절실하게 깨닫게 되었다.

다시 산자락 거처에 돌아온 그날 밤, 요란한 상냇비 소리에 잠을 깨어 시계를 보니 새벽 3시쯤이었다. 나는 마당에 나가 잔뜩 고인 빗물이 빠져나가도록 배수구 마개를 제

다시 혼자 놓인 제자리

쳐 놓았다. 고였던 빗물은 마개를 치운 물길을 따라 순식간에 거침없이 빠져나갔다.

그때 문득 내 인생길에도 숱한 물마개가 흐름을 자주 방해했다는 반성이 들었다. 그냥 물마개 자체를 치워 버리면 그만이었던 것을….

날이 밝자 비가 그친 산과 들녘에 짙은 안개가 끼었다. 고요한 산자락에 전날과 똑같이 별일 없는 아침산새들이 다시 찾아와 마을을 깨웠다. 다시는 돌아오지 않을 그 하루 그 순간 나는 살아 있음을 느꼈다.

오늘 하루 일기

간밤에 10시쯤 잠을 청했는데 눈을 떠 보니 아직 캄캄했다. 시계를 보니 새벽 3시를 막 지나 있었다. 전혀 의도한 바 없는데도 내 몸이 마치 참선수행을 하는 스님이 깨어나는 신체리듬과 비슷하게 작동한다는 생각에 혼자 웃음이 났다. 근래 들어 기상 시간이 이전보다 앞당겨지고 있다는 느낌이 들었다.

조금 더 자 볼까 생각했지만 더 이상 잠이 올 것 같지 않았다. 정신은 잠을 자던 무의식 상태로부터 깨어나 다시 의식 상태로 돌아와 있었지만, 몸은 아직 준비가 덜 된 부조화

상태였다. 이럴 때는 정신이 강제로 몸을 일으켜 심신 모두 뭔가를 하도록 움직여야 제대로 깨어날 것이었다.

일단 깨어났으니 살아 있는 인간답게 굴어야 했다. 하지만 꼭두새벽에 할 일이 마땅치 않았다. 나의 경험에 비추어 책상 앞에 앉아 그나마 글이라도 써지면 그게 가장 바람직한 활동이었다.

신기하게도, 비록 심신이 아직 부스스하여 어설픈 상태더라도 막상 노트북을 켜고 키보드를 두드리기 시작하면 점차 초점이 모이면서 내 몸과 마음의 에너지가 마치 작동할 의미를 찾은 듯 되곤 했다.

이렇게 글쓰기를 하다 보니 어느새 날이 환하게 밝아 아침 7시를 넘기고 있었다. 무려 네 시간 가까이 집중된 일을 한 탓에 다시 피곤이 밀려왔다. 이제는 잠을 좀 잘 수 있겠다 싶어 구들방 이부자리에 다시 누웠다. 무거워진 눈꺼풀이 닫히기 전, 서울의 가족에게 미리 메시지로 아침 인사를 보낸 뒤 이내 잠이 들었다.

단잠을 곤히 자고 있었는데 핸드폰 벨소리가 울렸다. 시간을 보니 겨우 20분가량이 지나 있었다. 이웃 마을에 사는 후배였다. 전화 내용을 들으니 당장 다시 일어날 수밖에 없는 노릇이었다. 후배가 나에게 땔감을 챙겨 준다고 해서 이제나저제나 기다리고 있던 참이었는데 곧 트럭이 집에 도착할 것이라는 통보였다.

나는 서둘러 일어나 얼른 대문으로 달려갔다. 평소에는 작은 쪽문을 사용하지만 마당까지 땔감 트럭이 들어오려면 대문 전체의 잠금장치를 풀어 활짝 열어 놓아야 하기 때문이었다. 이른 아침부터 갑자기 비상이 걸려 부지런을 떨어야 했다.

트럭은 곧 도착했다. 마침내 마당으로 들어선 트럭에는 지난 태풍에 쓰러진 소나무들이 베어져 가득 실려 있었다. 후배와 함께 온 일행을 도와 마당 한구석 빈터에 재빨리 땔감을 부렸다. 정말 고맙게도 트럭은 한 번 더 땔감을 실어다 주었다. 졸지에 두 트럭 분량의 겨우살이 땔감을 얻게 되었다.

이미 나에게는 이번 겨울을 나기에 충분한 땔감이 있었지만, 고마운 후배와 고마운 태풍 덕분에 앞으로 두 번의 겨울을 걱정 없이 지낼 만한 구들방 식량이 더 확보되었으니 마음속으로 무척 배가 불렀다.

산자락 외딴 마을에서 지내는 나에게 그리고 겨울이 사실상 반년 가까이 차지하는 이곳 생활에, 땔감은 너무나 소중하고 필수불가결한 소모품이다. 그러다 보니 땔감이 떨어져가면 가장 큰 걱정거리가 되었고, 땔감이 풍족하면 세상에 가장 큰 부자가 된 느낌이었다. 그래서 나에게 땔감이란 입으로 들어가는 먹거리보다 더 긴요하게 여겨지는 '제1식량'이라고 부를 만했다.

그런 식량이 2년 치 더 마련되었으니 이제 당분간은 더 이상 바랄 게 없는 마음부자가 된 것이다. 나아가 오늘은 나에게 고마운 이웃의 도움이 손길을 내민 행운의 날이 된 것이다.

나는 마당에 부려진 땔감더미를 몇 번씩 바라보며 만족감을 한껏 누렸다. 만족감이 내 몸과 마음에 우러났기 때문일까. 나는 다시 단잠에 떨어져 정오가 지나서야 일어났다.

그러니까 오늘은 유독 세 번이나 잠을 자고 세 번이나 잠에서 깨어난 별난 날이 되었다.

　오후가 되니 약간 시장기가 느껴졌다. 뒤늦게 세수한 뒤 가까운 마을에 있는 식당에 가려고 옷을 챙겨 입다가, 문득 이곳 나의 옷가지 중에서 단 한 벌인 춘추복 상의가 눈에 띄었다. 시골생활에서 거의 입어본 적 없는 양복 재킷이었다. 왠지 오늘 한번 입고 나가고 싶었다. 내 딴엔 별난 차림이었다.

오늘 하루 일기

인심 좋은 식당 주인이 지역 주민에게만 반값에 제공하는 식사는 놀랍게도 4천 원짜리 쇠고기 카레였다. 돈 내고 먹으면서도 돈 버는 것 같은 기분을 느끼게 하는 메뉴였다. 모처럼 드물게 양복 재킷을 입고 나선 나는 식당 테이블에 스마트폰을 놓아두고 서울의 지인이 전송해준 기타 연주곡까지 틀어 놓고서는 마치 시골에 처음 여행 온, 어울리지 않는 도회지 신사 같은 생뚱맞은 모습으로 '혼밥'을 즐겼다.

내가 시골에서 혼자 외식을 하면서, 그것도 음악까지 곁들여 식사를 한 것은 처음 있는 사건이었다. 내가 생각해도 오늘 나는 별나게 굴었다. 하지만 오늘따라 그냥 내 마음이 가는 대로 하고 싶었을 뿐이었다.

오늘 하루도 어제와 같은 하루였지만 다시는 돌아오지 않을 내 여생의 유일한 날이기도 했다. 나에게는 하루하루가 유일하고 특별한 날이었다. 그런 마음 자세로 나는 살고 있었다.

늦점심을 마치고, 이번에는 꽤 떨어진 곳에 있는 단골 커피숍으로 차를 몰고 갔다. 좋아하는 아이스 아메리카노 한 잔을 챙기기 위해서였다. 커피숍으로 가는 산자락 시골길은 나에게 언제나 평온함을 선물했고, 가끔 하루 중 유일한 나들이 코스가 되는 경우도 종종 있었다. 특히, 저수지를 지날 때면 낮에는 은빛 물결이 반짝이는 게 무척 좋았고 저녁에는 붉은 황금빛 물결이 역시 좋았다.

외출에서 돌아온 나는 다시 책상 앞에 앉아 글을 써내려갔다. 도중에 메시지 도착음이 들렸다. 이곳 지리산 일대에서 내가 가장 아끼는 동생에게서 온 메시지였다. 10년간 함께 지냈던 여자와 마침내 결별했다는 소식이었다. 나는 잠시 생각에 잠겼다.

그 동생에게 '외로움'이 불쑥 찾아온 모양이었다. 나는 이렇게 답장을 보냈다.

다시 혼자가 되었다는 건 잘못된 일이 아니야. 지나간 일은 모두 섬진강물에 떠내려 보내기 바란다. 다시 새롭게 살면 그만이다. 인생길에 무슨 중뿔난 것 있더냐. 조만산 식사 같이하자.

어느 책에서 읽었던 러시아 작가 안톤 체호프의 글이 문득 떠올랐다.

그렇다. 우리는 잊힐 것이다. 그것이 인생이며 아무것도 할 수 있는 일은 없다. 오늘 우리에게 중요해 보이고 심각해 보이는 바로 그것들이 더 이상 중요해지지 않는 순간이 올 것이다. 이상한 일이다. 우리는 언젠가 엄청나게 중요하게 여겨질 일이나 혹은 보잘것없고 우습게 여겨질 일을 지금은 알지 못한다.

이윽고 저녁이 되었다. 마당에 널어둔 빨래를 걷었다. 오늘 나의 하루가 또 마침내 저물었다. 책상 앞 창문 너머로 다시 칠흑 같은 어둠이 깔렸다. 아랫집 지붕 위로 저만치서 가로등이 창백한 빛을 내며 저 혼자 고독하게 고샅길을 비추고 있었다.

오늘 나의 하루는 어느덧 과거 속으로 사라져 기억창고 저편 깊숙이 숨을 것이다. 훗날 내가 그 기억창고에서 오늘 하루를 다시 끄집어낼 수 있을까. 아니면 영영 사라지고 말 것인가.

인간의 기억은 정말 많은 것을 부질없이 품기도 하지만, 정말 많은 것을 영영 상실하기도 한다. 내가 할 수 있는 유일한 방도는 그냥 순간순간을 '완전 연소'하는 일뿐이다.

생 일

꼬박 66년을 살아온 내 인생길이 오늘 67년째로 접어들었다. 올해 달력도 이제 달랑 두 장밖에 남지 않았으니 불과 두 달 후에는 또 한 살이 더 보태질 판이다. 내 인생이 어느덧 70으로 접근 중이다.

꽤 오래 살았다. 나이의 무게와 반대로 점점 더 가볍게, 그리고 더 경쾌하고 유머러스하게 살아가는 게 바람직하다는 생각이 든다. 내 안의 그 어린 소년이 멋대가리 없는 '꼰대'에게 밀려나지 않도록 … .

이제는 오래 사는 게 중요한 게 아니라 내면을 더욱 잘 비워 언제라도 순순히 떠날 마음 태세를 갖추고 사는 일이 훨씬 더 의미 있을 거라는 쪽으로 기울어 간다. 이곳 어느 마을에는 100세를 훌쩍 넘긴 채 아직 정정하신 할머니가 계시는데, 자식들이 먼저 세상을 떠나다 보니 보통 괴로운 게 아니라는 이야기를 전해 들었다. 그러고 보면 사람이 태어나는 일도, 죽는 일도 모두 제 뜻대로 되는 게 아니라는 이치쯤은 겸손하게 마음에 새기면서 지내는 것이 현명한 자세일 것이다. 사람은 자세를 갖추고, 나머지는 하늘이 알아서 하고 ….

서울의 가족과는 지난 주말 내가 상경해서 미리 앞당긴 생일 식사를 함께했다. 그다음 날 나는 다시 이곳 지리산 거처로 돌아왔으니 정작 생일에는 나 혼자였다. 특별할 것도 없이 또 하루의 평범한 날에 지나지 않았다.

아침에 구들방에서 잠을 깬 직후 맨 먼저 황토벽에 걸린 부모님 사진을 바라보며, 이 세상에 오늘 나를 태어나게 해 주신 은덕에 감사드렸다. 두 분 모두 오래전에 타계하셨다.

평소처럼 토마토와 삶은 고구마로 가볍게 아침을 차려

먹은 뒤, 마당으로 내려섰다. 남의 도움 일절 없이 벌써 닷새째 혼자 끙끙거리며 작업해온 겨우살이 땔감 톱질과 정리를 오늘에는 꼭 마무리하기 위해서였다.

이전에 쓰던 전기톱이 영 신통치 않아 배터리 충전식 체인톱을 새로 장만하느라 그사이에 멀리 전주 공구상가에도 두 번이나 들락거렸다. 한 번은 연장을 새로 사느라고, 그리고 두 번째 나들이는 사고 위험을 막기 위해 분해결합 요령을 다시 확실하게 익히느라고.

여러 날 장작 일을 하다 보니 허리가 무척 뻐근했지만, 이번 고생이 끝나면 적어도 두 번의 겨울을 더 지낼 분량이 확보된다는 생각으로 꾹 참고 버텼다. 마당에 어수선하게 널브러져 있던 모든 땔감이 마침내 가지런히 쌓였고, 내친김에 마당 이곳저곳도 말끔하게 정리했다.

평생 '화이트칼라'로만 살았던 백면서생이 고된 육체노동을 완수했으니 스스로 대견하다는 생각이 들었다. 생일에 어울리는 탈바꿈이었다. 그래도 귀빠진 날인 데다가 며칠 동안의 수고까지 잘 매듭지었으니 개운한 마음으로 뭔가 자축하고 싶은 생각이 들었다. 지리산에 단풍은 얼마나 물들었는지 구경도 할 겸 곧장 드라이브에 나섰다.

호젓한 정령치 깊은 산길에 들어서자 막바지에 이른 가을이 무르익은 품 안으로 나를 맞아들였다. 나는 가을이 저물어 가는 그 마지막 풍경 속으로 더 깊이 들어갔다. 산이 깊어질수록 마음은 무게를 덜어내면서 점차 무심해졌다. 고갯길이 높아질수록 마음은 더욱 낮아졌다.

이윽고 표지판이 서 있는 갈림길에서 운봉 쪽으로 차를 틀었다. 서어나무숲이 다시 보고 싶어서였다.

그 숲에는 오늘도 아무도 없었다. 서어나무들은 이전 모습 그대로 말없이 우뚝 서서 홀로 찾아온 인간을 순하게 받아들였다. 나무 밑동 주변에는 무수히 떨어진 잎사귀들이 빈틈없이 가득 쌓여 있었다. 발걸음을 옮길 때마다 바스락거리며 나에게 속삭였다.

이 숲속에 놓일 때 내가 혼자라는 바로 그 생각만이 나를 혼자이게 할 뿐, 그 생각을 떠나는 순간 나는 그냥 숲의 일부가 되는 느낌에 사로잡힌다. 오늘도 그랬다.

고개를 들어 높은 가지들을 쳐다보자 아직 붙어 있는 잎사귀들 틈새로 한낮의 눈부신 태양이 번쩍이면서 나에게 햇살을 펼쳐 보냈다. 나는 고개를 이리저리 흔들어 햇살과 숨바꼭질 장난을 쳤다. 그리고 휴대폰을 꺼내 그 순간들을 몇 차례 정지시켰다. 인간이 만든 기계는 풍경을 동결하듯 저장하지만, 정작 풍경은 단 한 번도 인간에게 붙들린 적이 없다. 인간은 풍경을 붙잡을 수 없다. 인간이 고작 기계를 가지고 풍경에게 하는 짓은 사실 허사일 뿐이다. 나는 알면서도 저지른 그 허사 몇 장면을 아내와 두 딸, 그리고 몇 명의 가까운 지인에게 전송해 주었다. 그래도 내 마음을 전하는 수단이었으니까 … .

잠시 후 나는 서어나무숲을 빠져나와 근처 작은 호수 앞에 다시 차를 멈추었다. 호수에 비친 하늘은 호수를 하늘과 똑같은 색깔로 바꾸어 놓고 있었다. 호수는 하늘이 되어 있었다.

이번에는 다시 정령치로 차를 돌려 가장 높은 고갯길을 넘었다. 내리막길 삼거리에서 뱀사골로 가지 않고 반대쪽

성삼재로 향했다. 노고단 아래 자락을 가득 메운 모든 나무가 저마다 울긋불긋 이 가을 마지막 옷차림을 하고 있었다.

아! 지나간 몇십 년 동안 이 산길을 도대체 몇 번이나 오르내렸을까. 앞으로 얼마나 더 오르내리다가 마침내 멈추게 될까. 나는 오늘도 마지막인 것처럼 그 길을 천천히 음미했다.

천은사 내리막길이 드디어 평지로 이어지면서 나의 생일 자축 드라이브는 막을 내렸다. 그때 스님이 전화를 걸어왔다. 스님은 오래전부터 어린 시절 고향 마을에 가보고 싶어 했다.

수백 킬로미터 떨어진 경상도 암자에서 모처럼 짬을 내어 오시는 참에, 내가 스님의 고향 마을에 함께 가서 저녁식사라도 모시고 싶다는 의향을 어제 내비쳤는데 나 대신 챙겨줄 동행자가 있으니 걱정 말라는 전화였다. 나는 머지않아 스님 암자로 다시 찾아가겠다고 했다.

늦은 오후 산자락 구들방으로 돌아왔다. 어두워지기 전

에 장작불을 지폈다. 어느새 또 하루가 저물었다. 그러고 보니 요 며칠 동안 마당에 길고양이 녀석들이 보이지 않는다. 땔감 작업을 한답시고 어지럽혀진 마당에서 시끄러운 톱 소리가 연일 계속되었던 탓인가 보다. 이제 작업을 다 마쳤으니 내일쯤 다시 찾아오려나. 미안하다! 나타나면 밥 듬뿍 주마!

손 님

지리산에서 혼자 지내는 나에게, 손님은 반가움으로 왔다가 허전함으로 떠난다. 도시에서 멀리 벗어난 나에게 손님이란 인연의 고마움을 새삼 느끼게 하는 동시에, 결국엔 나의 혼자 있음을 거듭 각인한다.

손님을 반갑게 맞이하고 함께 즐겁게 어울리며 도타운 정을 나누는 동안에는 모처럼 분주해지면서 시간 가는 줄 모르다가 다시 작별의 인사를 나눈 뒤 떠나가는 뒷모습을 바라보고 되돌아서는 순간, 까닭 모를 무상함이 마음을 적신다. 반갑고 정이 느껴지는 사람들을 잠시 만났다가 또 헤

어지는 일은, 인생사가 원래 순간순간의 연속일 뿐이라는 엄연한 이치를 그때마다 더욱 되새기게 만든다. 손님으로 왔던 사람들과 그리고 어느덧 작별의 시간이 되어 손 흔들며 그들을 보내는 나는 도대체 어디를 향해 다시 각자의 발걸음을 재촉하는 것일까.

모든 사람은 모두 길 위에 있다. 누구나 끊임없이 길을 나서고 서둘러 길을 떠난다. 멈출 수 없다. 흘러갈 수밖에 없다. 당신과 나는 길 떠나는 사람들이다. 호모 비아토르(*homo viator*: 여행자, 길 떠도는 인간)!

그들과 나는 남원 땅 지리산 IC에서 작별했다. 그들을 태운 버스는 다시 서울로 가기 위해 우회전했고, 나는 지리산 거처로 되돌아가기 위해 좌회전했다.

직전에 우리는 뱀사골에서 식사를 함께하고 단풍이 무척 곱게 물든 계곡을 잠시 산책하며 마지막으로 정겨운 이야기를 나누었다. 나의 대학 선배들과 동기 그리고 후배들로 꾸려진 30명 가까운 손님 일행은 특별히 나를 염두에 두고 일 년에 한 차례 갖는 1박 2일 친목여행을 지리산으로 온 것이었다.

　나는 사전에 마땅한 숙소를 예약했고 식사와 안내할 장소들을 미리 궁리해 두었다. 서울에서 오가는 길이 멀어 이틀은 빠듯하고 짧았지만 그래도 손님에게는 모처럼의 귀한 나들이라는 것을 유념해, 좋은 곳을 최대한 보여 주고 맛있는 음식을 맛볼 수 있도록 내 나름대로 계획을 짰다. 다행히 큰 차질 없이 일정을 소화했다.

　일행 모두 마치 수학여행 떠나온 10대 청소년처럼 마냥 즐거워하고 설레는 기색이 느껴져 나도 함께 기뻤다. 하지만 일행 모두에게 주어진 그 즐거움과 기쁨은 아름답고 깨끗한 지리산과 섬진강이 차별 없이 골고루 나누어준 것이었지, 내가 한 일은 아니었다. 나는 그저 바람잡이였을 뿐이다.

　일행 중 사회초년생 한 명을 제외하고는 거의 모두 50대에서 70대에 이르는 인생 후반에 놓인 사람들이었다. 특히, 한평생을 주로 정신노동자로 살아온 사람들이었다. 그래서인지 이들이 모처럼 귀하게 맞이한 지리산 여행이 한줄기 시원한 바람처럼 마음을 씻어 주는 기회가 된 듯, 표정들은 시간이 지날수록 밝아 보였다.

다행스러운 일이었다. 나도 뿌듯했다. 나는 그들에게 내년 섬진강에 벚꽃이 흐드러지게 필 무렵 다시 찾아올 수 있기를 바란다고 귀띔해 주었다. 그들이 다시 찾아온다면 마주할 강변에 만발한 그 잊지 못할 꽃 풍경은 내면에 한동안 가려져 있던 자기 자신을 틀림없이 되찾아줄 것이라고 나는 믿어 의심치 않는다.

이렇게 또다시 시간은 꿈처럼 지나갔다. 그리고 나는 다시 산자락에 혼자 놓였다. 나의 일상은 아무 일도 없었던 것처럼 다시 새하얀 백지장이 되어 내 앞에 온전하게 펼쳐졌다. 소중한 선물로 나에게 여전하게 주어진 이 하루를 또 감사한 마음으로 살아야겠지 … .

다시 혼자 된 것은 원래의 자리로 돌아온 것이다. 창밖을 내다보니 마당에 길고양이 녀석들은 며칠째 아직 소식이 없다.

손님

마법의 멜로디

아침에 이부자리에서 일어나 구들방 창밖을 내다보니 산안개가 짙게 내려앉아 있었다. 아침 안개가 낀 날엔 한낮 햇볕이 더 쨍해진다는 걸 나는 경험으로 알고 있다. 오늘도 볕이 좋을 모양이다.

항상 음악이 흐르는 채널에 고정해둔 라디오를 켰다. 그 순간 내가 무척 좋아하는 기타 연주곡이 흘러나왔다. 마이클 호페의 〈비러브드〉(*Beloved*: 가장 사랑하는 사람) 였다.

나는 노랫말 없는 이 기타 음악을 너무나 좋아해서, 예전엔 서울을 오가는 장거리 운전을 하는 내내 질려 하지도 않고 수십 번씩 듣고 또 듣곤 했다. 심지어는 어느 대학 교수들을 대상으로 특강을 했을 때, 스트레스 많은 교수들에게 이 음악을 소개하기도 했다.

이 음악과 더불어서 역시 기타 연주곡인 〈디어 헌터〉(Deer Hunter: 사슴 사냥꾼), 이렇게 두 개의 멜로디만 있으면 거의 한나절 아무런 불만 없이 혼자 흥얼거리며 잘 지냈다. 한 곡 더 소개한다면 〈라임라이트〉(Limelight) 까지 ….

사람마다 좋아하는 음악을 들을 때 자기만의 특별한 기분과 감정에 젖게 마련이지만, 나는 이 가사 없는 음악을 들으면 언제나 '알 수 없는 아련함' 속으로 빠져들곤 했다. 그리고 그 까닭 모를 아련함을 오롯이 즐기는 나를 발견하고는 '나'라는 존재는 누구일까 되짚어 보곤 했다.

그런데 새 아침에 예상치 못한 선물처럼 이렇게 내가 좋아하는 멜로디를 들으니, 오늘도 또 하루가 별일 없이 평화롭게 펼쳐질 것 같다는 안도감이 무작정 들었다.

아침 요기를 한 뒤 여느 날처럼 아이스 아메리카노 한 잔 챙기려고 차를 몰고 이웃 마을 커피숍으로 향했다. 저수지를 지나면서 차 안에서 다시 음악 라디오를 틀었다.

오늘은 웬일이냐. 이번엔 약 50년 전 고등학교 시절 처음 접했던, 내 기억 속 가장 오래된 노래 중 하나가 흘러나왔다. 잉글버트 험퍼딩크의 〈베르사유의 자전거 하이킹〉(Les Bi-cyclettes de Versailles) 이란 노래였다.

한창 감수성 풍부하던 10대 당시 히트곡이었던 이 노래를 여러 차례 듣고는 '실제로 베르사유에 가면 얼마나 좋을까', 밑도 끝도 없이 상상에 빠지곤 했는데 인생이란 참 묘하고 신기했다. 그로부터 약 20년 뒤쯤 나는 프랑스 연수 기회가 주어져 일 년 동안 그곳에 머무르게 된 것이다. 나는 손님이 올 때마다 교외선 기차를 타고 베르사유를 찾아가는 인연을 만들어 갔다.

나는 이 노래 가사는 외우지 못하고 멜로디는 귀에 익숙해져 흥얼거릴 정도는 된다. 공교롭게도 가사 중에 '매직'(마법)이라는 표현과 '멜로디'라는 표현이 들어 있는 건 정말 마법 같은 멜로디의 인연인 것일까.

아무튼 오늘은 마법처럼 인연 깊은 멜로디 두 가락을 연거푸 듣게 되자, 그냥 나 혼자 저절로 기분이 좋아졌다. 애당초 커피만 챙겨서 돌아오려던 마음이 바뀌어 멀리 하동 화개까지 섬진강 드라이브에 나섰다. 그리고 나선 김에 근처 아는 후배에게 가서 점심도 잘 얻어먹고 덤으로 우거지 국물과 고사리 반찬, 그리고 짜장 토핑까지 선물로 받은 덕분에 아예 저녁식사 문제도 미리 해결 보는 일거양득의 행운이 주어졌다.

오늘 아침부터 시작된 멜로디가 실제로 마법이 되어 오후까지 내내 펼쳐진 것이다. 이런 일을 놓고 굳이 마법이 아니라는 메마른 생각을 해보았자, 그런 윤기 없는 해석은 생전 마법을 불러들이기 어렵게 할 것이다.

삶에는 '자석의 법칙'이 늘 작용하는 법이다. 무슨 일이든 자기 마음이 불러들이는 대로 그 일이 자기 앞에 오게 되는… . 긍정이 긍정을 낳고, 부정이 부정을 낳는… .
나는 30대 후반부터 지리산을 내 마음속에 불러들여 그 후 30년 동안 끊임없이 지리산을 나의 일상에 달고 살았다. 그 결과 은퇴 후 지금 이렇게 10년째 지리산에 머물고 있

147
마법의 멜로디

다. 나의 인생길의 이런 흐름은 '자석의 법칙'이 아니고는
설명되지 않는다.

　해 질 무렵, 드디어 길고양이가 며칠 만에 마당에 나타났
다. 나는 반가움에 비록 인간의 언어지만 고양이에게 여러
마디 말을 건넸다. 그 녀석은 나를 보자 자기도 안심되는 듯
늘어지게 기지개를 켜더니 고양이의 언어로 뭐라고 한마디
내뱉고는 맛있게 배를 채웠다. 야옹아! 이제 땔감 작업 다
끝났으니 계속 자주 놀러 와!

인연이라는 것

전혀 예상치 못한 일이었다. 더구나 아무런 용건도 없이 뜻밖에 벌어지는 이런 인연의 작용을 도대체 어떻게 설명할 수 있을까? 때로 어떤 인연은 도무지 알 수 없는 모습으로 다가온다.

오래전에 이곳 아는 스님의 암자에서 딱 한 번 우연히 인사를 나누었을 뿐인 그 비구스님은 지리산에서 아주 멀리 떨어진 경북 영양 깊은 산골에서 혼자 수행하며 지낸다고 했다. 그 스님은 서예를 잘하시는 분이라고 아는 스님이 나에게 귀띔했다. 아는 스님이 암자 이름을 지어 편액 붓글씨를 부탁했는데, 그날 그 비구스님이 부탁받은 글씨를 전하러 모처럼 멀고 먼 나들이를 왔다가 나와 인사를 나눈 것이다.

바로 이 스님이 오늘 불쑥 나에게 전화를 걸어왔다. 음성은 느리고 다소 어색한 듯 더듬거렸지만 카랑카랑했다. 내가 스님을 금방 기억해 내자 그는 반가운 기색으로 말을 이어갔다. 하지만 아무런 용건은 없었다. 그냥 내가 떠올라 전화했다고 말했다.

"제가 사는 이곳에 단풍이 아름답게 물들어서…. 이런 날에는 왠지 인생을 생각하기에 적절한 날 같아서…. 혼자서 곡주 한잔 마시고 선생님이 떠올라서…. 언제 영양에 한번 오시라고…."

그의 목소리는 지극한 고독함과 지독한 외로움이 한데 버무려진 듯했다. 주변에 말벗조차 없는 한 인간이 다른 인간에게 그냥 말을 건네 붙이는 것처럼 느껴졌다.

"왠지 선생님은 제 전화를 거부감 없이 편히 받아 주실

150

것 같아서 … ."

　내가 그에게 그렇게 비쳤다면 이처럼 감사하고 다행한
일이 있을까, 하는 생각이 들어 겸연쩍게 웃었다. 그리고 마
침 가까운 후배가 최근에 파주에서 멀리 영양으로 아예 거
처를 옮겨 실컷 그림을 그리며 살겠다고 했던 기억이 떠올
라, 조만간 겸사로 영양에서 뵐 날이 있을 것이라 대답했다.

　오랜 세월 외진 암자에서 혼자 지내는 스님을 몇 분 알고
있는 터라, 이 스님의 오늘 심경이 어떤 것일지를 굳이 자세

히 설명 듣지 않아도 선뜻 짐작이 갔다. 산자락에서 혼자 지내는 나로서도 오늘 같은 가을 끝자락에는 누군가 마음이 통하는 사람과 약주 한잔 나누며 두런두런 얘기하고픈 심정이야 별반 다를 게 없었다.

그 스님이 나에게 연락을 취한 것은 한마디로 어떤 고독이 다른 고독에게 손짓한 것이다. 이 손짓에 나는 머지않아 진심으로 응답하리라고 마음먹었다. 아무런 조건 없이 다가선 맑은 인연에 그것이 내가 반응해야 할 몫이라는 생각이 들었다.

인연은 사람의 눈에 미리 보이지 않는, 알 수 없는 그물망이다. 내 안의 씨앗과 상대방의 씨앗이 어느 예측할 수 없는 순간에 그 그물망을 타고 연결된다. 씨앗은 '인'因이고 그물이 '연'緣이다.

씨앗은 사람 안에 있지만 그물은 사람이 짜놓은 게 아니다. 인연은 어떤 에너지가 다른 에너지와 참으로 절묘하게 접속을 일으키는 것이다. 인간은 그 '접속'에 대해 사실은 아는 바가 없다.

모든 세상사는 하나도 빠짐없이 인연 따라 굴러간다. 인연이 있으면 일어나고 벌어지며, 인연 없는 일은 결코 일어나지 않는다. 그리고 인연이 다하면 그 일은 사라지며 더 이상 없다. 이런 우주 현상을 옛 가르침은 연생연멸緣生緣滅이라 표현했다. 사람이 태어나고 살다가 떠나는 일 자체도 인연이다.

인연이라는 것

입동立冬 대길大吉

오늘은 겨울의 첫날 입동이었다. 곧 보름 뒤에는 첫눈 내린다는 소설小雪이다. 입춘立春에만 대길이더냐. 날마다 좋은 날이니 입동 또한 긍정의 마음만 작동하면 길한 날이다.

마침 새 절기의 시작이 이곳 구례 오일장 그날이었다. 장작 패는 도끼가 낡아 새 도끼 한 자루 챙기러, 그리고 마당 쓰는 빗자루도 닳아 새 싸리비 사러 장터에 갔다. 인공지능 시대에 도끼와 빗자루를 사러 장터 대장간에 가는 내가 해묵은 옛날의 모습을 품고 사는 타임머신 같다는 생각이 들어, 슬며시 웃음이 나왔다.

친분이 있는 대장장이 후배는 오늘도 아침 일찍부터 쇠를 달구며 두들기고 있었다. 점차 사라져 가는 직업을 고수하면서 광양 오일장과 구례 오일장을 번갈아 가며 성실히 일하는 그는 정말 사람 착하고 인정 깊은 사나이다.

구례 오일장에는 내가 아는 두 사람의 '진국'이 있다. 대장장이 '박경종'과 또 한 사람, 농작물 파는 '박인배'다. 이 두 후배는 언제나 남에게 계산 없이 선뜻 베풀고 내가 보기에는 분명 손해 보는 일인데도 거리낌 없이 떠안는, 무척 따뜻하고 넓은 마음씨를 가졌다. 그래서 나는 자랑스럽고 존경할 만한 마음부자 이 두 사람의 이름을 내 글 속에 남기고 싶어 일부러 그 이름을 여기에 소개해 둔다.

인배는 경종에게 내가 장작 도끼를 사러 갈 것이라는 얘기를 며칠 전 미리 전달해 주었고, 경종은 내가 갔을 때 이미 도끼날을 서슬 퍼렇게 잘 다듬어 준비해 놓고 있었다. 그는 내가 보는 앞에서 도낏자루가 영영 빠지지 않도록 작은 쐐기까지 박아 딘딘히 고정한 다음, 징 직 펠 때 미끄러지지 않게 고무 밴드를 야무지게 감아 주었다.

그리고 덤으로 쐐기 한 개를 더 주었고, 싸리비는 아예 돈도 받지 않고 그냥 얹어 주었다. 또 내가 갖고 간 부엌칼 두 개의 칼날을 다시 날카롭게 갈아 주었다.

이 모든 서비스를 합쳐 그는 2만 원만 받겠다고 했다. 이 때문에 잠시 실랑이가 벌어졌다. 나는 돈을 더 치러야 한다고 우겼고, 그는 끝내 손사래를 치면서 더 이상의 돈을 받으려고 하지 않았다. 그가 나를 이겼다.

나는 진심으로 그에게 고맙다고 말했고 그가 잘 챙겨준 도끼와 빗자루, 부엌칼을 사용할 때 그가 자주 생각날 것이라 덧붙였다. 그리고 나는 조금 떨어진 곳에 세워둔 차로 가서, 내가 쓴 새 책 한 권을 가져다가 그에게 내밀었다. 그리고 방금 주차장 좌판에서 산 따끈한 찹쌀도넛 두 봉지를 그에게 덤으로 건넸다. 한 봉지는 인배에게 전해 달라고 했다. 인배에게는 잠시 후 메시지를 보내 '덕분에 도끼 잘 챙겨 간다'고 감사를 표했다.

살아가면서 마음이 무척 따듯하고 매우 친절한 사람을 만나는 일은 큰 가피加被이자 엄청난 행운이다. 내 마음 역시 그 좋은 기운으로 따듯하게 데워지니 행복의 선순환이다. 나는 물러가는 가을 끝자락에서, 그리고 다시 새롭게 주어진 겨울 첫머리에서 가피와 행운과 행복을 만났다. 한마디로 '입동 대길'이었다.

'도끼 행복' 직후 나는 근처 좌판에서 아내가 부탁했던 토란대를 샀다. 순한 얼굴의 내 또래 아낙네는 단순히 물건만을 팔지 않았다. 나에게 토란대 다루는 방법을 아주 소상하게 일러 주었다. 토란대를 미리 15~20㎝ 크기로 자른 뒤 소금물에 30분쯤 담가 놓았다가 껍질을 벗기면 잘 벗겨지고 추가로 손질할 필요가 없다는 점, 그리고 토란의 독성으로 피부 질환이 생길 수도 있으니 반드시 장갑을 끼고 작업하라는 점을 무척 친절하게 웃으며 당부했다. 나는 두 묶음 사려던 생각을 바꿔 네 묶음을 샀다. 이번에는 '토란대 행복'을 한 아름 챙기게 되었다.

점심때가 되어 요기를 하러 산동 쪽으로 향했다. 가끔 들르는 식당에 가기 선, 온천시구 공실바당에서 '산수유 열매 체험 축제'가 한바탕 벌어지고 있었다. 3월에는 산수유 꽃 축제가, 그리고 이맘때엔 열매 축제가 열리곤 했다. 축제는

157

소박했다. 이윽고 식당에 도착했다.

당초에는 그냥 가볍게 열무국수 한 그릇 하려던 참이었지만, 반갑게도 식당 벽에 겨울철 새 메뉴로 '닭장 떡국'이 등장해 있었다. 나는 내심 기뻤다. 닭장 떡국은 입 짧은 내가 좋아하는 음식이었다. 이제부터 내년 봄 산수유 축제 때까지 겨울 메뉴로 제공된다는 소식을 주인아주머니에게 들으니, 가끔 입맛 돋우러 찾아올 수 있어 나에게는 긴요한 생활정보인 셈이었다.

떡국 맛은 일품이었다. 깔끔하고 칼칼했다. 나는 이 식당에 이전에도 혼자 가끔 찾아간 적은 있었지만 주인과 대화를 나눈 적은 없었다. 그런데 오늘은 내가 말을 걸었다. 덕분에 떡국을 아주 맛있게 먹었으며 앞으로 종종 찾아오겠다고 인사했다. 그리고 주인 부부가 늘 성실하게 좋은 음식을 내놓는 모습에 사실은 이전부터 인상 깊었노라고 덧붙였다. 잠시 후 나는 주인에게 내 책 한 권을 선물로 내밀었다. 그냥 그러고 싶었다. 주인아주머니는 평소 책 읽기를 좋아한다며 무척 기뻐했다. 장날의 행복은 다시 '떡국 행복'으로 이어졌다.

산자락 구들방에 돌아와 새로 칼날을 세운 부엌칼을 씻어 정리한 뒤, 돌아오는 길에 읍내 마트에서 사온 싸구려 실내용 털신을 신어 보았다. 발이 따스하니 좋았다. 나는 털신에게 이번 긴 겨울 내내 잘 부탁한다고 인사했다.

이번에는 부뚜막 옆 장작더미에서 장작을 꺼내, 새로 산 도끼를 실험했다. 장작은 단번에 시원하게 쪼개졌다. 나는 흡족한 마음이 되어 쪼갠 장작을 아궁이 옆에 가지런히 두었다.

그때 서울의 후배 세 사람에게서 약속이나 한 듯이 잇달아 안부 메시지가 날아들었다. 뉴스 앵커로 일하는 한 친구는 독감에 걸려 끙끙 누워 있다고 했고, 또 한 친구는 혹시 다음 주에 상경 기회가 된다면 시詩 모임에 초대하고 싶다고 했으며, 현역 장관인 다른 한 친구는 국회의사당 가을 풍경사진을 보내면서 새해 예산 승인을 위해 대기 중이라고 소식을 전했다.

나는 세 명의 후배에게 단풍사진과 어느 스님의 암자 풍경, 그리고 오늘 구례 장터에서 찍은 풍경을 골고루 전송해

주었다. 세 사람 모두 즐거워했다. 나는 그들을 위해 내가 할 수 있는 최선의 안부를 전한 것이다.

저녁 바람이 차가워졌다. 겨울 내복을 찾아 눈에 잘 띄는 곳에 새로 두었다. 구들방 창밖 저 멀리서 석양이 기울고 있었다. 하루를 되돌아보니 온종일 소소한 일상이 아무 탈 없이 펼쳐진 것에 깊이 감사하는 마음이 들었다.

이번 겨울도 만만치 않게 추울 것이다. 내게 필요한 것은 내 마음의 온기를 유지하는 일뿐이다. 나는 여전히 고독하지만 외롭지는 않다.

1천 킬로미터 당일치기

고단했지만 모든 게 감사한 날이었다. 내가 그렇게 할 수 있다는 것에 그리고 누군가 다른 사람을 돕는 인연이 주어졌다는 것에 감사하다는 생각이 들었다. 힘들었어도 참 좋은 날이었다.

꼭두새벽부터 밤늦게까지 하루 동안 꼬박 1천 킬로미터를 줄기차게 달렸다. 서울에서 문경 산중 암자까지 200킬로미터, 문경에서 남원까지 250킬로미터, 남원에서 문경까지 250킬로미터, 문경에서 지리산 나의 거처까지 300킬로미터. 이렇게 모두 합쳐 대략 1천 킬로미터를 온종일 오고 갔다.

스님들의 겨울 참선수행인 '동안거'冬安居가 시작된 이튿날이었다. 며칠 전 나랑 오랜 인연을 이어온 큰스님께 전화를 드려 석 달간의 안거수행 직전에 찾아뵐까 했다가, 스님으로부터 다소 난감한 사정을 들었다.

스님이 이곳 지리산에 계실 때부터 가끔 치료를 받아온 남원의 치과에서 이번에 임플란트 시술을 받기로 되어 있는데 하필이면 그 날짜가 안거수행 이튿날로 잡혔다는 사정이었다. 절에는 사전 양해를 구해 놓았으나 오가는 거리가 워낙 멀어 택시를 대절해 다녀오려고 궁리 중이라는 말씀이었다.

이전에도 내가 도와드린 적은 있었지만, 스님 입장에서는 누구에게 번번이 부탁하기도 어려워 이번엔 그냥 당신 혼자 조용히 알아서 해결 보려는 참이었다는 것이다. 그런데 공교롭게도 마침 내가 전화를 드린 것이었다.

나는 이번에도 도와드리겠다고 나섰다. 스님 형편에 택시비용도 만만치 않을 것이고, 그 먼 길을 당일치기로 낯선 사람과 동행하는 일 또한 왠지 무척 불편하실 것 같다는 짐작이 들었기 때문이다.

스님은 나의 도우미 노릇 제안에 반가워하시면서도 민망함을 감추지 못하셨다. 나는 그러는 스님의 마음을 익히 헤아리는 터라, 그냥 편히 받아들이시라고 말씀드렸다. 내가 지리산에서 문경으로 스님을 모시러 가는 길은 300킬로미터인데 마침 그 전날 서울에 볼일이 있으니, 서울-문경 거리는 200킬로미터라서 오히려 100킬로미터가 단축된 셈이라 잘된 일이라고 스님에게 우스갯소리를 했다.

스님을 모시러 가기 전날 밤. 나는 자명종 시각을 새벽 4시에 맞추고 평소보다 약간 일찍 잠자리에 들었지만 깨어나 보니 한밤중 새벽 1시쯤이었다. 아직 여유가 있었으나 잠은 더 이상 오지 않았다. 나는 스님의 산중 암자 근처까지 여유 있게 도착해 거기서 눈을 조금 붙이는 편이 오히려 낫겠다는 생각에, 벌떡 일어나 채비를 서둘렀다.

세상이 잠든 캄캄한 밤길을 달렸다. 다른 시간 같으면 붐빌 고속도로도 서울을 벗어나자 곧 차량 통행이 뜸해졌다. 구름 걷힌 밤하늘에는 유난히 둥그런 보름달이 내가 가고 있는 길을 환하게 비추었다.

차를 몰고 자주 쏘다니는 사람에게 내비게이션은 퍽 유용할 때가 많다. 그렇지만 어떨 때는 기계의 한계를 드러내며 참으로 멍청하다고 느껴질 경우도 있다. 내비게이션이 한밤중 산골 도로의 '안개'까지는 감안하지 못하고 그저 고지식하게 지름길 위주로만 안내한다는 것을 내가 미리 눈치챘어야 했는데 …. 그 순간에는 나도 바보였다.

고속도로로 음성 꽃동네와 대소분기점을 지난 뒤 중부내륙선과 만나는 충주까지 편하게 곧장 직진해도 되는 것을, 내비게이션의 음성 안내는 괴산 땅에서 일반국도로 나가라고 채근했다. 내비게이션의 안내를 별생각 없이 따른 게 나의 불찰이었다. 가로등도 제대로 없고 구불구불하고 마을조차 드문 한밤중 시골국도에 날씨가 맑아도 운전에 긴장해야 할 판에 가는 내내 툭 하면 온통 짙은 안개가 끼어 있었다. 속도를 내는 것은 위험천만한 일이었다.

그나마 다행히 시간에 쫓기지는 않았기에 나는 아예 거북이 운행을 하기로 작정하고서는, 암흑 속 종잡을 수 없는 밤안개 길을 혼신의 집중력을 발휘해 엉금엉금 기어갔다. 젊은 시절 전국 방방곡곡을 등산과 여행으로 밤낮 가리지 않고 쏘다녔던 경험을 되살려, 그러나 방심은 절대 금물이라고 스스로 경계심을 높이면서 천천히, 아주 천천히 밤길을 더듬었다.

그렇게 한참을 긴장 운전하던 끝에 나는 잠시 차를 멈추어 내비게이션 경유지를 일단 수정했다. 문경새재 직전에 괴산 IC가 있다는 것이 번쩍 떠올랐기 때문이다. 거기까지만 조심스레 잘 접근하면 그다음은 다시 고속도로에다가 익숙한 길이었다.

고생 끝에는 역시 낙이 온다고 마침내 괴산 IC를 반갑게 만났다. 그 이후에는 순탄하게 달려 드디어 스님의 암자와 멀지 않은 문경 가은읍내에 도착했다.

옛날에는 근처 탄광의 광석을 주로 운반하는 데 이용했던 작은 기차역. 지금은 관광지로 변했고 꽤 넓은 주차장이 있어서 나는 그곳에서 날이 밝을 때까지 일단 쉬면서 한숨 돌릴 작정이었다. 새벽 4시 반쯤이었다. 평소 같으면 깊이 잠들어 있을 시간에 오랫동안 긴장하며 운전한 탓에 피곤이 밀려왔다. 읍내도 모두 잠들어 고요하고 적막했다. 하지만 이 깊은 밤중에 타지에서 내가 적적하지 않도록, 산 너머 하늘에서 그사이 줄곧 나를 외면하지 않고 내려다보던 환한 보름달이 여전하게 나를 비추고 있었다.

내가 주차한 맞은편에 편의점과 장의사, 두 군데에 불이 켜져 있는 게 보였다. 누군가 고단한 삶을 열심히 살고 있을 편의점, 그리고 살다가 떠난 어떤 인생의 마감을 돕는 이가 장례식 준비를 위해 밤잠을 설치며 일하고 있는 장의사…. 밤기운 차가워진 낯설고 적막한 시골 읍내에 길 하나를 사이에 두고, 이쪽에 먼 길 달려온 내가 있었고 저쪽에 삶과 죽음이 버젓이 함께 드러났다.

안거수행 기간 중 스님의 새벽 첫 좌선은 3시부터 일과가 시작되는 터라, 스님은 진작부터 첫 일과를 마친 뒤 새벽 5시 40분 아침공양(식사)까지 일찌감치 끝내고 이제나저제나 나를 기다리고 계셨다. 나는 스님과 약속했던 아침 7시에 맞추어 암자에 무사히 도착했고, 우리는 잠시 후 남원으로 길을 떠났다. 그리고 저녁 5시 무렵, 나는 스님을 다시 문경 암자까지 모셔다드렸다.

안거수행의 저녁 좌선은 7시였다. 스님은 오전 8시 좌선과 오후 2시 좌선, 이렇게 두 개의 일과만 치료 나들이하느라 빠진 것이다. 스님은 오늘 하루 모든 일이 별 탈 없이 진행된 것에 만족해하셨다. 나도 그렇게 도와드릴 수 있었던 것에 뿌듯했다. 멧돼지가 자주 나타나는 암자 근처 그 숲길에서 스님과 나는 다시 작별했다.

지리산 자락 구들방에 되돌아오자 밤 9시쯤이었다. 여러 가지로 대단한 하루였다. 참 다행스럽고 고마운 하루였다. 그러나 그 모든 일은 벌써 과거가 되어 있었다.

지금 이 순간 내가 할 일은 차가워진 구들방을 서둘러 다시 덥히는 것이다. 나는 또다시 텅 비워진 순간을 맞이해 부뚜막 아궁이 앞 그 자리에 앉아 장작불을 지폈다.

첫눈 내린 날

간밤에 노고단과 만복대 산꼭대기에 눈이 쌓였다. 입동에 들어선 지 엿새 만에 첫눈이 내렸다. 이제 저 눈은 다른 눈을 더 불러들여 겨우내 지리산을 하얗게 덮을 것이다. 산꼭대기 눈이 녹을 무렵이면 봄이다. 산은 엄연한 겨울이 시작되었다는 것을 흰 눈을 머리에 얹어 보여 주었다.

마당 배수구 앞에 수북이 쌓인 낙엽을 아침과 낮 사이에 벌써 세 번 쓸었다. 바람이 쉴 새 없이 불어 낙엽은 여기저기에 더미를 이루었다. 배수구 가까운 곳에 쓸어 모아둔 낙엽더미 위에 더 이상 흩날리지 않게 그물망을 얹었다.

읍내에 나가 두툼하고 보드라운 실내용 양말 두 켤레와 장갑, 그리고 길고양이 먹일 사료를 샀다. 겨우살이에 필요한 소소한 일이 생각날 때마다 하나씩 챙겨져 간다.

서울에서 부음이 들려왔다. 간밤에 이곳 지리산에 첫눈이 내릴 때 그 동창은 세상을 떴다. 그 친구는 학창 시절 축구선수였다. 두 다리뼈는 수없는 부상에 성할 날이 없었다. 일찍 선수생활을 접고 오랜 세월 당구장을 운영해 생계를 이어왔다. 오래전 당구장을 새로 옮겨 열었을 때 동창 몇 명과 함께 축하하러 갔던 일이 바로 엊그제 같은데, 그는 더 이상 이 세상 사람이 아니었다.

읍내 나들이하다가 핸드폰으로 찍은 풍경사진 몇 장을 가족과 지인에게 전송하면서 짧은 표현 한 토막을 덧붙였다.
"인생이란 ― 문틈 사이로 준마駿馬가 획 지나가는 일이다"라고 ….
러시아에 출장 간 큰아이에게서 잘 도착해 잘 잤다는 인사 메시지가 떴다. 날마다 주고받는 메시지지만 오늘은 멀리 상트페테르부르크에서 안부를 전해온 것이라 생각하니 새삼스럽게 느껴졌다. 약 30년 전쯤 현역 시절에 내가 출장을 갔던 그 머나먼 타국 도시에, 이번에는 나의 혈육이 한 세대가 지난 뒤 같은 장소에 있었다. 한 세대가 흐른 뒤 나는 지리산에 있었다.

아까 풍경사진을 보내 주었던 누나에게서 답장이 왔다. '건강하고 즐겁게 살라'고 …. 내가 대답했다. '무심하게 살고 있다'고 ….

날이 어두워지기 전에 일찍 장작불을 땠다. 담장 너머 개천 쪽에 다리를 새로 놓느라 오늘도 포클레인 소리가 크게 들린다. 머지않아 새 다리가 완성되면, 저 다리를 건너 솔밭으로 산책을 가야겠다.

첫눈 내린 날 또 하루가 조용히 저문다. 첫눈을 내려보낸 하늘로 떠난 그 친구의 몫까지 보태 하루하루를 더욱 잘 연소하며 살아야겠다는 다짐이 일어난다.

구들방에 햇볕 든 날

토마토를 갈아 한 컵 채우고 달걀 두 개를 부쳐 아침 요기를 한 뒤, 부뚜막에 나가 장작불을 피웠다. 마당 드럼통에 가득 찬 종이쓰레기를 태우고 구들방에 들어와 모닝커피를 블랙으로 타서 한 모금씩 천천히 마시면서, 더 이상 할 일 없는 사람이 되어 우두커니 앉았다.

무심코 방바닥으로 시선을 옮기는 순간 눈이 부셨다. 햇볕이 구들방 깊숙이 들어와 방바닥에 환하게 반사하며 내 눈으로 튕겨 들어왔다. 따사롭고 밝은 빛을 머금은 방 안에서 나는 조용한 고독이 되었다.

다른 사람 아무도 없으니 부질없는 말을 바깥으로 쏟아내야 할 '말의 설사증'은 저절로 멈추어 있었고 그렇다고 할 말이 목구멍에 가득 고인 '말의 변비증'도 없이, '순조로운 침묵' 상태에 놓였다. 성가시거나 시달림 없는 그런 상태로 한참 동안 그냥 그대로 머물러 있었다.

이윽고 TV를 켰다. 눈길을 줄 만한 볼거리를 이리저리 찾다가 예전에 무척 재미있게 봤던 〈응답하라 1988〉 재방송 마지막 회를 우연히 다시 보았다.

서울 도봉구 쌍문동 10통 2반 골목 주택가에서 서로 정든 이웃이 되어 어린 시절과 청춘을 공유했던 젊은 인생들과 그 부모들이 오순도순 정겹게 살아가다가, 세월이 흘러 제각기 흩어져 아름다웠던 골목길 추억을 회상하는 것으로 막을 내리는 그 이야기는 다시 보아도 웃음을 되찾아 주면서 따뜻하고 푸근했다. 골목길 친구에서 부부가 된 바둑고수 택이와 덕선이 나란히 소파에 앉아 그 시절을 돌이킨다.

"나는 그 시절로 되돌아가고 싶지 않아. 지금이 좋아. 그래도 되돌아간다면 딱 하나 하고 싶은 게 있어. 그때 그 친구들하고 노는 거 … ."

"나는 되돌아가고 싶어. 되돌아가서 꼭 만나고 싶은 사람
이 있어. 젊고 태산 같았던 그 시절의 부모님을 다시 만나고
싶어… . 젊고 태산 같았던 … ."

택이와 덕선은 눈부시도록 반짝였던 그 순간들이 어느덧
사라져 다시는 돌아오지 않는다는 것을 절감한다.

여운이 진하게 남는 그 드라마를 맨 마지막 장면까지 흠
뻑 젖은 마음으로 감상한 나는 이곳 지리산에서 써내려 갔
던 나의 세 번째 책의 제목을 문득 떠올렸다.《사라져 아름
답다》… .

그 제목처럼 인생은 순간순간으로 사라지는 것이기에 아
름답다는 것을 거듭 되새기게 된다. 삶은 순간들뿐이고 결
국 사라지는 것이기에, 주어지는 순간마다 온 마음을 다해
완전 연소하는 일만이 내가 할 수 있는 가장 바람직하고 유
일한 방편이라는 것을, 오늘 본 그 드라마가 거듭 일깨워 주
었다.

산자락 구들방에 햇볕이 깊숙이 들어온 오늘은 어제처럼 또 좋은 날이다. 창밖을 내다보니 마당 감나무 가지에 까치가 날아들어 부지런히 감을 쪼아 먹고 있다.

그 너머 눈부시게 푸른 하늘에 조각구름이 흘러간다. 이런 풍경을 내가 바라볼 수 있음에 참으로 감사하다.

고독을 지키다

그의 고독은 또 한 차례 시행착오를 거쳐 더욱 굳건해져 있었다. 그는 자신의 고독이 노출되어 버거운 번거로움이 침입하자 매우 과감한 결단을 내렸다. 무려 20년을 살아왔던 거처를 버리고 더 깊숙한 오지로 터전을 옮겼다.

애당초 그의 고독은 운명이었다. 겨우 아홉 살에 아버지를 잃고 그 이듬해 묘하게도 같은 날 어머니가 세상을 떠났다. 너무나 일찍 고아가 된 그는 외할머니 손에 자랐다. 청년이 되어 산속 암자에서 공무원 시험 준비를 하던 중 갑작스러운 병으로 위태로운 지경에 이르렀다가 다행히 목숨을 건진 끝에, 스물네 살 나이에 머리를 깎고 출가했다.

문학적 예술적 소양이 남달랐던 그는 옛사람의 시詩와 서예에 깊이 빠졌고, 결국 직접 붓을 들어 연마를 거듭했다. 그의 붓글씨 습작은 마침내 방바닥에서 천장에 닿을 만큼 쌓였다. 그는 행서行書와 초서草書의 달인이 되었다.

학인學人들이 모여 엄격한 공동생활을 하는 삶의 방식은 왠지 그에게 맞지 않았다. 그는 일생을 혼자 지내기로 마음먹었다. 그가 택한 방식은 반선반농半禪半農이었다. 낮에는 농사를 짓고 나머지 시간에는 마음공부를 하며 살기로 했다.

그는 거창 땅 어느 산골 깊숙한 곳에 자리를 잡았다. 세월이 흐르다 보니 무척 정겹고 아름다운 풍광을 가진 그의 산방山房은 사람들의 눈길을 끌기 시작했다. 아울러 그의 살아가는 모습과 서예 솜씨 또한 입소문을 타고 사방에 퍼졌다. 그의 고독은 걸핏하면 찾아오는 손님들로 방해를 받고 성가심에 시달렸다. 그는 고민 끝에 20년간 정들었고 공들였던 산방을 떠나기로 했다.

　그가 옛 고승의 법명을 본떠서 이름 지은 암자는 경상북도에서도 가장 오지로 알려져 있는 영양 땅, 거기에서조차 아주 깊숙하고 외딴곳에 숨어 있었다.

　나는 그가 알려준 대로 작은 저수지를 지나 길가에 반사경이 세워진 지점에서 핸들을 꺾었다. 자동차 한 대가 겨우 통행할 수 있는 비솝은 오솔길을 따라 2킬로미디기랑을 울퉁불퉁 뒤뚱거리며 조심조심 운전해 들어갔다. 내비게이션은 더 이상 쓸모없었고 핸드폰은 교신을 멈추었다. 나는 오

고독을 지키다

랜 세월 방방곡곡을 누비면서 온갖 비포장도로를 다녀본 경험이 있었기에 그나마 당황하지 않고 그 호젓한 산속을 더듬어 갈 수 있었다.

마침내 길이 끊긴 곳에 차를 멈추고 내려서 근처 어딘가에 있을 암자를 찾아 나서는 순간, 차 소리를 들은 스님이 저 앞에서 내려오는 게 보였다.

산방은 사방이 산으로 둘러싸인 참으로 고적한 곳에 정갈한 모습으로 자리 잡고 있었다. 부엌 옆 앙증맞은 쪽마루 벽에 '정검', 고요할 정靜에 검소할 검儉 두 글자가 단아하게 쓰인 편액이 그곳의 모든 상황을 함축해서 잘 나타내고 있었다. 마당 아래에는 조그만 텃밭이 가지런하게 다듬어져 있었고 울타리 너머로는 실개천이 흘렀다. 장작더미를 쌓아둔 그 너머로 스님이 손수 길을 냈다는 산책로가 수북한 낙엽에 덮여 있었다.

산책로 입구에는 '오체투지로拜'라는 작은 팻말이 붙었고, 길 끄트머리에는 발걸음을 되돌린다는 뜻으로 '회로'回拜라고 적혀 있었다. 스님은 가끔 이 길에서 실제로 오체투

지(사지와 머리를 땅에 대어 기도하며 앞으로 나아가는 고행)를
한다고 했다.

내가 지내는 지리산에서 이곳까지는 300킬로미터를 남
기지 않고 꼬박 채우는 거리였다. 그 녹록지 않은 거리를
달려 어렵게 만난 그 스님과 나는 사실은 서로 익히 알던 사
이가 아니라 이번이 두 번째 만남이었다. 반년 전쯤 그가
지리산에 내가 아는 다른 스님을 찾아왔을 때 우연히 만나
서로 스치듯 가볍게 인사를 나눈 사이에 불과했다. 하지만
그 평범한 만남이 훗날 이렇게 예사롭지 않은 재회가 될 줄
이야⋯. 그도 나도 전혀 계획했던 일이 아니었다.

그와 내가 언젠가 인연이 닿으면 만날 요량으로 서로 전
화번호를 주고받았던 게 실마리가 되었다. 고독이 다른 고
독을 알아보고 고독이 다른 고독에게 손짓해 다른 고독이
손짓한 고독에게 맞장구를 친 것이다.

2주 전 어느 날 그가 난데없이 나에게 전화를 걸었다. 그
런데 아무런 용건도 없었다. 그냥 내가 불쑥 생각나서 연락

했다고 했다. 작은 국화꽃 몇 송이를 화병에 담아 방 안에 들여놓고서 혼자 술 한잔 걸치며 흥에 젖은 채 마음속에서 이 사람 저 사람 떠올리다가, 도대체 무슨 까닭인지 내가 불쑥 생각났고 한번 연락하고 싶어졌다는 것이었다.

그래서 내가 그의 전화를 받게 된 것이다. 그는 나에게 한번 다녀가라고 초대의 말을 건넸다. 무슨 인연의 조화일까. 길지 않은 다소 어색한 통화였지만 나는 그의 초대가 건성으로 여겨지지 않았다. 나로서도 한번 가보고 싶다는 생각이 들었다.

나이가 들면서 평소에 어떤 일을 놓고 '할까 말까' 망설여질 때, 자꾸 부정적인 조건을 스스로 내세우는 것보다는 얄궂은 일이 아닌 이상 군더더기를 갖다 붙이지 않고 그냥 '하는' 쪽으로 선뜻 마음을 내는 경향이 많아진 듯하다. 그래서 시간을 더 지체하지 않고 먼 길에 나선 것이다. 더욱 공교롭게도 마침 한 달 전 가까운 후배 부부가 영양으로 이사 온 것 또한 나의 발걸음을 부채질한 동기가 되었다. 아는 사람 전혀 없던 영양 땅에 두 개의 인연이 새로 탄생했으니 굳이 낯설 것도 없었다. 일거양득이라는 느낌이 들었다.

나의 원행遠行은 결과적으로 일거삼득이 되었다. 나는 스님과 후배 부부가 서로 알고 지내면 무척 좋을 것 같다는 생각에 인연의 징검다리가 되어 소개해 주었고, 양쪽 사람 모두 기쁘게 받아들였다. 시와 서예와 그림에 상당한 경지를 이룬 스님, 그리고 평생 그림을 그리며 살아온 후배는 나의 예상대로 금방 대화가 잘 통했다. 인연 하나가 또 하나의 좋은 인연으로 확장되었다. 나는 스님과 후배에게 앞으로 자주 왕래하는 이웃이 되기를 바란다고 축하해 주었다.

　스님 암자에서 묵던 그날 밤, 나는 먼 길을 달려와 고단하게 잠들었지만 한밤중에 깨었다. 소변이 마려워 마당으로 나갔다. 사방은 그야말로 적막 그 자체였다. 매섭고 차가운 밤공기가 나의 정신을 번쩍 일깨웠다.

　그때 밤하늘을 문득 쳐다보던 내 눈에 놀랍도록 명징明澄한 광경이 펼쳐졌다. 앞산 너머로 구름 한 점 걸치지 않은 밝은 반달이 저 홀로 덩그러니 설려 있었고, 그 왼쪽 하늘 저만치에는 묘하게도 다른 별은 보이지 않고 북두칠성과 북극성, 이렇게 여덟 개의 별만이 총총 빛나고 있었다.

하늘과 바람과 별과 내가 거기에 한데 어울려 있었다. 그 순간 나는 생각과 육신이 감지되지 않은 채 그저 무심하고 뚜렷한 어떤 '의식'으로 그 자리에 머물러 있었다.

아까 저녁에 스님과 둘이 술 한잔 나눌 때 스님은 기분 좋은 표정이 되어 옛시를 한마디 읊었다.

자루에 쌀 석 되, 부뚜막 옆에 땔감더미, 눈 내리는 깊은 밤 두 다리 뻗고 누웠네 ….

그러면서 스님은 어디선가 읽었다던 어느 시인의 말이 언제나 참 좋더라고 덧붙였다. '다시 태어난다면 인생을 이번처럼 심각하게 살지 않으리 ….'

귀한 사람

살면서 주변의 수많은 사람 중에 정말로 나를 가슴 깊은 곳에 심어 놓고 마음의 물을 촉촉이 뿌려 주는 사람이 과연 몇이나 될까? 나는 누군가에게 눈앞에 없더라도 가끔 또는 자주 떠오르는 사람으로 잘 심겨 있을까? 나에게 정말로 그립고 보고 싶은 사람은 누가 있을까?

이런 물음에 당신의 대답은 무엇일까. 나의 대답은 가족을 빼고 나면 '거의 없는 것 같나'이다. 그렇디고 해서 인생을 잘못 살았다고 단칼에 단정할 수는 없다.

나는 꽤 오랜 사회생활과 방송에 몸담았던 직업적 특성 그리고 비교적 사교성 있고 밝은 편인 성격 덕분에, 흔히 쓰는 표현으로 '친하거나 잘 아는 사람'의 숫자는 상당히 많은 편이다. 은퇴한 지 10년이 지난 나의 핸드폰에는 아직도 1천 명 가까운 사람의 명단이 들어 있다. 물론 그중에 지금은 교류가 소멸한 사람도 있긴 하다.

여기서 내가 얘기하고자 하는 핵심은 '속 빈 강정' 같은 관계의 덧없음이다. 대부분의 사람은 대부분의 상대방에게 사실상 무관심하다. 누가 말을 붙이거나 건드려 주지 않으면 먼저 반응하는 경우가 매우 드물다.

사람들은 사람을 만나고 접촉하지만, 용무나 이해관계를 떠나 그냥 순수한 인간으로서의 '가슴 소통'은 희박하다. 사람이 여럿 모이는 모임이라 보았자, 그저 그렇고 그런 겉도는 얘기를 나누다가 별다른 건더기도 없이 습관적으로 굴러가는 경우가 허다하다. 빠지면 소외되는 것 같은 허무맹랑한 두려움만 밑바닥에 깔려 있다.

큰 인기를 끌었던 드라마 〈도깨비〉의 명대사는 그래서

더욱 진한 향기를 피운다.

> 너와 함께한 시간 모두 눈부셨다. 날이 좋아서, 날이 좋지
> 않아서, 날이 적당해서, 모든 날이 좋았다.

사람들은 인파 속에서 '사람'을 놓쳐 버린다. 대로에서 '길'을 잃는다. 사람들은 '무관심'에 심하게 길들여졌다. 심지어 무관심은 '에티켓'으로 둔갑했다.

뒷담화는 담쟁이 잎사귀처럼 무성하지만, 스스로 우러난 다정함과 상냥함 그리고 상대방에 대한 진정한 관심은 보물섬으로 자취를 감추었다. 사람들은 관계의 홍수 속에서 저마다 심장이 빠져 있는, 죽은 SNS가 되어 외딴 섬처럼 고립되었다.

사람들은 외로운 자기 속마음을 들킬까 봐, 아니면 남이 악용할까 봐 지나치게 위축되고 소심해졌다. 애써 헛웃음을 짓지만 돌아서는 뒷모습은 왠지 쓸쓸한 그림자를 길게 드리운다. 인간의 외로움은 산업혁명 이후 가장 보편화된 감정이 되었다. 혼자 사는 노인이 인공지능 로봇과 대화하

며 위안을 받는 첨단 광고는 퍽 인상적이면서도 왠지 씁쓸함을 떨치기 어렵다.

당신이 보이지 않더라도 당신을 마음속에 떠올려 먼저 안부를 묻거나 잊지 않고 잘 기억하고 있음을 표시하는 사람은 놓쳐서는 안 될 '귀한 사람'이다.

어리석은 사람은 인연을 만나도 인연인 줄 모르고 지나쳐 버리고, 보통 사람은 인연인 줄 알면서도 놓쳐 버리고, 지혜로운 사람은 옷깃만 스쳐도 깊은 인연을 만든다. 이 의미심장한 말은 우리보다 앞서 살다 간 옛사람들이 남긴 가르침이다. 전혀 낯선 사람에게조차 닫혀 있던 마음을 녹이고 감동을 일으키는 사람은 참으로 귀한 사람이다. 살면서 그런 사람을 만나는 것은 커다란 행운이다. 그런 사람은 사람과 세상을 믿게 만드는 힘을 가졌다.

이곳 지리산에서 나랑 친숙한 후배가 어느 날 아침 산책 길에서 일어난 일을 나에게 들려주었다. 아침마다 자주 마주치는 어느 노인으로부터 난데없이 육필로 쓴 쪽지를 받았다는 것이었다. 편지 내용은 이러했다.

생전 처음 보는 사람이 무척 상냥하고 밝은 미소를 띠면서
인사를 건네기에 처음에는 어색했는데, 마주칠 때마다 인사를
나누다 보니 마음이 무척 푸근해지고 따뜻한 감동이
전해졌습니다. 참 고맙습니다.

스스로 따스한 기운을 머금은 사람이 익숙하지 않은 사
람에게까지 아무런 저울질 없이 내뿜는 향기는 길섶에 무
심코 피어난 야생화가 아름다움을 선물하는 것과 같다.

'귀한 사람'이 귀한 세상이지만, 아직도 가끔 그런 사람이
눈에 띄는 것은 무척 다행인 일이다. 사람들은 가슴서랍이
너무 오랫동안 닫혀 있는 바람에 서랍 위치를 잊어버린 듯
하다.

성실한 고독

노고단 산자락 저 아래에 내려다보이는 그 조용하고 깔끔한 커피숍에 나는 자주 간다.

그 커피숍은 손님이 꽤 찾아오는 편이지만, 시골이라 아무도 없이 조용한 틈새가 주어지는 때도 자주 있다. 그럴 때는 잔잔한 음악이 흐르는 고즈넉한 공간이 된다. 내가 우연히 그런 순간에 들어서면 바리스타는 자기가 좋아하는 음악을 들으며 자분자분 혼자 일을 하고 있다.

"대한민국에서 제일 좋은 일터로군! 복 많은 사람 같아. 커피숍이 그렇게나 많아도 지리산 아래 커피숍이잖소. 성가

시고 피곤하게 구는 상전도 없고 혼자 알아서 하면 되고 … .
사방에 스트레스 천지인 세상에서 얼마나 다행스럽고 축복
받은 일이오? 항상 자부심을 갖고 즐겁게 사시오."

내가 이렇게 말을 건네면 바리스타는 "맞아요! 정말 그렇
게 생각해요!"라고 맞장구치면서 빙그레 미소를 짓는다.

나보다 열 살 아래인 바리스타는 오래 다녔던 직장을 조
기 퇴직한 뒤 고향에 내려와 늙으신 어머니를 모시고 둘이
살아간다. 그녀가 일하는 모습을 보면 정말 성실함이 몸과
마음에 배어 묻어난다는 표현이 딱 어울릴 정도로 보는 사
람도 편안해진다.

사람이 풍기는 기운이라는 것은 좋든 나쁘든 저절로 새
어 나와 주변 사람에게 어떤 느낌과 감정을 일으키게 만든
다. 눈에도 안 보이고 손에 잡히지 않더라도 참 분명하게 드
러난다는 게 신기한 이치다. 그것은 진동과 파장임에 틀림
없다.

고독함이 성실함을 만나 섞일 때 고독은 뭔가 긍정적인
방향으로 발효되고 숙성되는 것 같다. 고독의 칵테일에 어

떤 성분이 섞일 것이냐, 그것은 고독의 맛을 가름하게 될 것이다. 결과는 과정이 만드는 것이므로. 그 바리스타한테 처연함 같은 기색은 느껴지지 않는다. 고독은 처연함과 거리가 멀다.

　냉커피 챙겨서 마을로 돌아오는 길목. 저수지 저편에서 산들은 짙게 푸르렀고 하늘은 눈이 시리도록 맑았으며 구름은 눈부셨다. 지리산 풍경은 참으로 순결하다.

성실한 고독

잘 걸러진 고독

나와 인연이 많은 편이지만 자주 만나지는 않고 그렇다고 서먹서먹함 없이 서로 교감이 잘 이루어지는 그 시인은, 하동 땅 악양 벌판 맨 구석진 안쪽 깊숙한 산자락 마을 끄트머리 집에 산다. 나보다 몇 살 아래 후배지만, 환갑은 넘어섰다. 그러나 장가간 적 없다. 전주 모악산 외딴집에서 혼자 지내다가 이곳으로 옮겨 역시 홀로 지낸 세월이 벌써 16년째다.

　지금 이 글을 쓰고 있는 내 구들방에 그가 나에게 직접 붓으로 시 한 수 적어 선물한 부채가 놓여 있다. 붉은 홍매가

피어난 가지 아래에 적혀 있는 그 시는 이렇다.

그대의 창가 달 깊도록 매화 향기 홀로 높네   ─ 구영회 님께

고독에 관한 한 그는 할 말이 산더미일 것이다. 그는 갑작스러운 쇼크로 죽음의 고비를 두 번 넘기도 했다. 때로는 들풀처럼 섬세하고 조신한 모습이 엿보이다가도 때로는 다듬어지지 않은 야생초 같은 그의 독특한 캐릭터는 그러나 남을 불편하게 만드는 적은 없다. 술 한잔 들어가면 경계선을 슬쩍슬쩍 건드리며 외줄 타듯 넘나들면서 외설스러우면서도 익살과 풍자가 녹아 있는 그의 정겨운 말솜씨는 시 못지않게 사람을 끌어당기는 매력이 있다.

그의 생활은 검소하다. 그의 단출한 밥상에는 주로 야생화가 다소곳이 놓여 어디에 내놓아도 손색이 없다. 그는 올가을에 인도 갠지스강변 바라나시로 배낭여행을 할 참이라고 했다. 여기저기 부지런히 다니며 강의료 헤서 여행비를 빠듯이 모았다고 했다.

그와 나 사이에는 평생 수행에만 전념해온 큰스님 한 분

이 연결고리처럼 놓여 있다. 몇 년 전에는 겨울이 닥치기 전에 스님 암자에 함께 가서 찬바람 막는 방풍 '뽁뽁이'를 붙여 드렸다. 그리고 밤늦도록 약주 한잔 마시며 두런두런 인생 이야기를 나누었다.

스님과 시인과 나 사이에는 아무런 껄끄러움이 없다. 각자의 고독한 옹달샘에서 길어 올린 그 정화수를 한데 섞어 함께 들이켤 뿐이다.

그 시인이 가끔 잠기는 고독은 늪이 아니라 호수일 것이다. 그는 그 고독의 물 밑에서 허우적거리지 않고 부드럽게 유영遊泳을 하다가, 흠뻑 젖은 머리카락을 한번 쓸어 넘기고 또 시를 쏟아낼 것이다.

고독은 그를 통과하면서 자양분을 주고 그는 고독을 잘 걸러 내어 시로 뱉어낼 것이다. 그는 지금쯤 마을 근처 소박한 그 술집에 가 있을까.

산골의 밤 그리고 나

혼자 지내는 외딴 산골마을의 구들방에 나밖에는 아무도 없어 천하에 홀가분하면서도 적적하기 또한 그지없다.

여기서 그 숱한 밤을 맞이하고 지나 보냈지만, 밤이 되면 잠들기 전까지는 밤마다 낯선 새 밤이다. 지나간 어젯밤과 아직 오지 않은 내일 밤은 지금 내 앞에 없으니 소용도 의미도 없다.

오늘 밤에도 이 낯선 새 밤을 살아 있는 한 인간으로서 또 마주해야 한다. 밤에는 오히려 독서가 별로 내키지 않는 편이라 주로 TV를 보지만, 그마저 재미가 없어지면 그때는 뭔가 다른 것을 해야 한다. 아니, 할 수밖에 없다.

지금처럼 이렇게 글이 써지면 나름대로 집중과 몰입이 잘 되어 나도 모르는 순식간에 깊은 밤이 되곤 한다. 그러나 매번 쉽게 글이 써지는 것도 아닌 데다가 무슨 숙제하듯 글을 쥐어짜 보았자 우선 내 마음이 용납하질 않기에, 가급적 그냥 글 흐름에 나를 맡긴다.

이마저 잘되지 않으면 그때는 아무것도 하지 않은 채 그냥 고요함 속에 나를 놓아둔다. 이제는 그런대로 마음 훈련이 체득된 터라 머릿속 번잡해지는 망상에 쉽사리 사로잡히지는 않는 편이다. 내가 내 마음 상태를 스스로 지켜보면서 알아차리는 각성이 어느 정도 자리 잡은 덕분에, 한번 일어난 생각이 꼬리에 꼬리를 물고 길게 이어지는 '익사'로 깊이 빠져들지는 않는다. 어떤 생각이 일어나면 알아차리면서 챙기고, 또 일어나면 또 알아차리면서 챙기는 '마음 챙김'(명상수행, *mindfulness*)이 어디선가 내게로 와서 망상을 멈추거나 흘려보내게 작용하기 때문이다. 이런 내면 상태는 일종의 싹쓸이 청소와 비슷해서 마음속이 스스로 정갈

하고 고요한 쪽에 놓인다.

　이렇게 되면 몸의 감각들이 매우 세밀하고 민감하게 되 살아나는 것을 자각한다. 다시 말해 지금 이 순간에 내 귀가 선풍기 바람 소리를 잘 포착하고 있음을 느낀다. 뭔가 생각 에 붙들려 있다면 선풍기 소리는 의식되지 않는다. 실제로 지금 이 순간 내 귀에 들리는 소리는 두 가지다. 선풍기 돌 아가는 소리, 그리고 노트북 자판 두드리는 소리다. 창밖은 고요하다.

　감각작용을 다른 기능으로 옮기면, 나의 엉덩이가 의자 방 석 위에 얹어져 약간의 압박감이 느껴진다. 이런 식으로 감각 이 활짝 열리면 내 안의 어떤 말똥말똥한 의식이 그 감각을 알 게 되고, 더 집중하면 감각과 의식은 둘로 쪼개지지 않은 하나 가 되어 나는 이 순간 그 의식이자 선풍기 소리일 뿐이다.

　신기하게도, 이러는 동안 나의 머릿속 생각은 일어나지 않고 멈추어 있다. 고요하고 미세한 틈새로 내가 들어간 것 이다.

　이 글을 읽는 당신이 만약 마음을 조용히 지켜본 경험이 있다면 이해가 빠를 것이고, 그렇지 않다면 무척 낯설고 생소한 느낌을 받을 수도 있을 것이다. 하지만 이런 '마음 연습'은 당신에게 그런 경험이 있든 없든 간에 유익한 도움을 줄 것이다. 사람 마음의 구조는 누구나 똑같기 때문이다.

만약 당신이 매우 우울하거나 슬프거나 화가 나거나 두렵거나 하는 부정적인 생각에 젖어 있을 때, 이것은 그런 상태로부터 '벗어나는' 데 상당한 도움을 준다. 이것은 '마음 탈출'이라고 불리도 무방하다.

산골마을의 깊은 밤에 관한 나의 일상 고백이 잠시 흥미로운 영역에 들어섰다가 다시 돌아 나왔다.

나는 이 다섯 번째 책 속에서 우리 모두가 지니고 있는 '고독'에 대한 이야기를 당신과 나누고 있지만, 방금 언급한 '마음 탈출'이 그와는 전혀 상관없는 게 아니라 사실은 매우 상관 깊다는 걸 말해 두고 싶다. 왜냐면 나는 이곳 지리산의 나 홀로 생활에서 정신적으로는 다름 아닌 '고독 정면 응시' 또는 '고독 그 너머로 가는 딤색'을 줄곧 하고 있기 때문이다.

나는 육체를 가진 나의 삶이 충분히 길게 남지 않았다는 것을 알기에, '고독'과 함께 내가 선택해 걷고 있는 이 길을 그 끝이 나올 때까지 가고자 한다. 나는 내 마음속 어느 지점을 나의 보폭으로 직접 통과했기에 이제는 되돌아갈 수도 없으며, 어딘가에 '도착'할 때까지 해가 저물기 전에 계속 걸어가야 한다는 것을 스스로 알고 있다.

이것을 비유하자면, 글자를 전혀 모르던 문맹이 글자를 터득한 뒤에 다시 문맹으로 되돌아가고 싶어도 돌아갈 수 없는 것과 마찬가지라고 할 수 있다. 이미 경험한 것을 경험 이전으로 백지화할 수 없는 노릇이다.

하지만 나의 이런 탐색과 추구에 강박관념 같은 것은 없다. 나의 물길이 이렇게 되어 있으므로 그냥 그 물길을 따라 가급적 가라앉지 않는 가벼운 빈 배처럼 저항하지 않고, 거스르지 않고 흘러가고 싶을 따름이다.

책상 시계를 보니 어느새 자정을 넘긴 12시 24분이다. 방금 나는 7월을 뒤로하고 8월을 새로 맞이했다. 오늘 아침이 밝으면 나는 다시 주어지는 내 생애 새로운 첫날이자 역시 흘러갈 마지막 날인 단 하루를 완전 연소하듯, 새 심장을 선물 받은 사람처럼 살고 싶다. 이제 자야겠다.

지금 여기에 놓일 뿐

그다지 크지 않은 책상이었지만 엄청 무거웠다. 작은 구들
방과 부엌 사이에 있는 옆방은 나에게 방이라기보다는 서
재 겸 생활공간이다. 이곳에는 온갖 물건이 빼곡하다. 나는
가끔 이 중간 방 잡동사니 물건을 정리하거나 재배치하는
공연한 짓을 통해 기분 전환도 하고 숨통도 트는 일거리를
만든다.

8월 땡볕에 무거운 책상을 혼자서 옮기는 작업은 시작부
터 온몸을 땀범벅으로 적셨다. 혼자라서 낑낑거릴 수밖에
없었지만 오래전에 덩치 큰 장롱을 마당 건너 저만치 떨어

진 창고까지 거의 한나절 걸려 천신만고 끝에 옮긴 무리한 쾌거를 맛본 터라, 이번에도 다시 한 번 객기와 오기를 부려 바깥 툇마루 앞에 내다 놓을 참이었다.

서랍이 여섯 개 달린 그 책상은 이곳 지리산 생활을 막 시작한 초기에 새로 산 것도 아니다. 집사람 친구의 제보를 받고 서울 우리 집에서 꽤 떨어진 어느 주택가 골목 분리수거장까지 찾아가 내 차에 싣고 내려온, 누가 내다 버린 헌 책상이었다. 그러나 아직 쓸 만했고 묵직하고 단단해서 몇 년 동안 혼자 시골살림 하면서 독서도 하고 글을 쓸 때 요긴하게 사용했던 물건이었다.

그러다가 조금 더 가볍고 실용적인 책상을 대형마트에서 싸게 구입해 교체한 이후로는 잡동사니 물건을 넣어 두고 다시 그 위에 다른 물건을 쌓아 놓으면서 중간 방 한가운데를 크게 차지하는 바람에, 볼 때마다 왠지 답답한 애물단지처럼 눈길이 거슬렸다. 그래서 마침내 바깥에 내놓기로 마음먹었던 것이다.

그리고 내친김에 그곳에 있던 온갖 묵은 물건들도 덩달아 정리하게 된 것이다. 그러나 물건 정리 또한 그리 수월할

리 없었다. 수십 가지 다양한 물건을 다시 하나하나씩 일일이 꼼꼼하게 살펴보면서 어쩔 수 없이 챙겨야 할 것과 버려도 좋을 것을 한참 걸려 구별한 다음에는, 먼지를 닦거나 분리수거를 하거나 소각해야 했다.

굳이 시간에 쫓길 일은 아니었으나 날씨는 무덥지, 이마에서 쉼 없이 흘러내리는 땀방울에 눈은 따갑지, 온몸은 흠뻑 젖어서, 그야말로 모든 과정이 나의 인내심을 테스트했다. 하지만 일단 스스로 난장판을 벌여 놓았으니 반드시 끝장을 봐야만 했다. 결국 마무리에 하루도 아니고 이틀이 걸렸다.

그 와중에서 내 눈에 띈 물건들이 있었다. 하나는 존재조차 까마득히 잊고 지낸 아주 오래된 카세트용 녹음테이프, 다른 하나는 세월이 한참 지나간 것을 일깨우는 몇 장의 사진이었다.

요즘은 오디오 카세트를 사용하는 사람이 거의 없지만, 나에게는 다행히 있었다. CD 플레이어와 라디오 그리고 카세트 기능을 겸하는 구식 물건이지만, 나에게는 날마다 클래식 음악과 세상 돌아가는 뉴스를 전해 주는, 고맙고 기특한 친구나 마찬가지다.

발견한 테이프 겉에는 집사람 글씨로 '그이 뉴스 음성'이라고 적혀 있었다. 과거에 방송국에서 일할 때 아내가 내 음성이 나오는 뉴스를 들으면서 녹음해둔 내용이 담겨 있을 거라는 짐작이 갔다. 궁금해졌다. 나는 즉시 테이프를 카세트에 집어넣고 들어 보았다.

라디오 뉴스 앵커 시절, 이런저런 소식을 전하면서 이슈가 될 만한 소식에 관해 코멘트, 즉 해설을 하는 젊은 날의 내 목소리가 들렸다. 순간 내 기억 회로가 과거로 되돌아가 그때 그 시절을 더듬었다. 슬며시 혼자 웃음 짓다가 곧 마음이 왠지 숙연해졌다. 그때 그 순간에 아내가 나의 음성을 유심히 들으면서 먼 훗날에 추억으로 남기려고 부지런히 녹음하는 모습이 마음속에 그려졌기 때문이었다. 왠지 애틋하고 뭉클하고, 어떤 전류 같은 것이 가슴을 찌릿하게 관통하는 듯한 느낌이 들었다.

잠시 나는 담배 한 개비를 꺼내 피우며 멍하니 앉아 있었다. 내뿜는 연기에 지나간 세월이 묻어 나와 함께 사라지고

지금 여기에 놓일 뿐

있었다. 한바탕 꿈처럼 느껴졌다.

이번에는 사진을 집어 가만히 들여다보았다. 사진 속에는 현수막이 보였다. 그 현수막 앞에서 내가 마이크를 들고 서서 뭔가 한마디를 하는 순간이었다. 그 앞 테이블에는 참석자들이 앉아서 듣고 있었다. 참석자들의 얼굴은 낯익었다.

과거 안방극장 시청자를 사로잡았던 농촌 드라마 〈전원일기〉의 감독을 오랫동안 맡은 권이상 프로듀서, 〈전원일기〉의 주인공이었던 탤런트 최불암 선생, 히트 드라마 〈대장금〉을 연출했던 이병훈 감독 등 쟁쟁했던 얼굴들이 보였다. 사진 속 현수막에 적힌 날짜를 보니 벌써 10년이 훨씬 지난 일이었다.

그리고 또 한 장의 사진 속에는 과거 M 본부의 경영진이 원탁 테이블에 앉아 있었다. 맨 앞쪽에 넥타이를 단정하게 매고 안경을 쓴 얼굴이 바로 나였다. 지금은 가끔 결혼식장이나 장례식장에서 마주치는 엄기영 앵커도 보였다. 그중 한 사람은 몇 해 전 이미 세상을 떠난 얼굴이었다.

나는 이 사진을 한참 물끄러미 바라보았다. 사진은 참 묘하다. 인생길의 어느 한순간을 있는 그대로 동결시켜서, 세월이 지날수록 그 순간이 어느새 까마득한 옛날이었다는 사실을 소스라치게 가차 없이 드러내면서 그 당시의 수많은 기억을 닥치는 대로 불러낸다.

사진은 인생길에서 겪은 숱한 일이 모조리 '뜬구름처럼 지나간 것일 뿐'이라는 엄연한 이치를 때로는 따뜻한 색채로, 때로는 차가운 톤으로 일깨워 준다. 그래서 인생이란 언제나 시시각각 어김없이 과거로 내던져지는 순간의 연속이라는 것을 냉정하게 되새기게 한다.

지금의 내 목소리는 더 이상 뉴스를 말하지 않는다. 지리산과 섬진강을 이야기할 때가 대부분이다. 지금 내가 놓인 처지는 세상에 내밀 만한 명함이 없다. 인생이 흘러가는 강물 위에서는 누구나 모든 명함을 강물에 떠내려 보내야 한다. 인생은 쉼 없이 흐르는 강물이다. 당신과 나는 그 강물에서 그냥 하나의 고디디기 없는 '존재'일 뿐이다.

지리산 악양 땅 평사리에서 벌어진 역사와 사람들 이야기를 기나긴 대하소설 《토지》로 써내려 갔던 작가 박경리는 말년에 이런 말을 남겼다.

"버리고 갈 것이 많아서 참 홀가분하다."

나는 앞으로 더 많은 것을 저 강물에 내던져 버려야 한다. 훗날 마감할 때 가지고 갈 것이라곤 가볍디가벼울 나의 영혼뿐이다. 달리 가져갈 것은 결코 하나도 없다는 것을 이제는 나는 알고 있다. 나는 언제나 오늘 지금 여기 이 순간에 놓일 뿐이다.

인간 모두에게 하늘은 오로지 '지금과 여기'만을 살도록 허락했다. '지금과 여기'를 벗어나면 모두 신기루일 뿐이다. 나는 지금 지리산 산자락 외딴 마을 허름한 거처에서 이 순간 글을 쓰고 있다. 67년 긴 세월을 관통해 지금 여기에 이렇게 혼자 있는 이 '존재'는 누구일까.

알 수 없는 삶의 흐름

딱히 정해진 틀이 없는 산골의 나 홀로 생활이지만, 그렇다고 오늘 하루는 또 뭘 하고 보낼 것인지 굳이 고민하지 않아도 날이면 날마다 이렇게 저렇게 펼쳐지고 흘러가는 걸 보면, 참 신기하기도 하고 신통하기도 하고 다행스럽고 감사하다.

물론 계획한 일이 있을 때는 그 계획 따라 움직이고 활동하면 되지만, 사실은 아무런 계획이 없을 때가 더 많다 보니 이른 아침 눈을 뜨면 반드시 할 수밖에 없는 세 가지를 제외하면 하루가 그저 백지상태로 비어 있는 경우가 허다하다.

아침에 일어나 틀림없이 하는 세 가지는, 맨 먼저 길고양이 녀석들 먹이 주고, 그다음 일단 세수를 하고 나서, 간단한 아침 요기를 하는 것이다.

고양이 녀석들은 나랑 무슨 약속을 맺은 것은 없지만 마치 약속된 듯이 동트기가 무섭게 마당에 나타나, 부스럭거리는 인기척을 포착하는 순간 '야옹' 소리를 내어 먹이를 달라고 보챈다. 자기들도 먹고 살겠다고 이른 아침부터 내 집 마당에 고정 출근한다. 내가 서울에 볼일 보러 가거나 며칠 동안 집을 비우면 그때는 이 녀석들도 낌새를 알아차리고는 다른 곳에 가서 배를 채우지만, 일단 내가 돌아오면 귀신처럼 알고서 다시 어슬렁거린다. 그리고 나한테 먹이를 얻어먹고 나면 다시 어디론가 나선다. 고양이도 고양이 나름대로 하루를 시작하는 것이다.

나는 오늘 아침에도 이 녀석들에게 먹이를 주었고, 그다음 일단 세수부터 했고, 그러고 나서 나의 아침 요기를 차려 먹었다. 토마토와 계란 또는 수프와 삶은 감자면 언제나 훌륭하다. 요즘은 복숭아가 제철이라 디저트로 복숭아 한 개를 씻어 먹으면 천하에 호강하는 기분이다.

이렇게 날마다 빠짐없이 하는 일 세 가지를 모두 끝마쳤는데도 아직 아침 7시가 조금 지났을 뿐이다. 이제부터는 딱히 해야 할 일이 없다. 막연한 하루가 눈앞에 텅 빈 채로 고스란히 열려 있다.

퇴직 이후 지금까지 어느새 10년이 흘렀지만, 하루를 고정적인 틀에 맞추어 지낸 적은 없었다. 오히려 그 반대로 살았다. 사회생활 30여 년을 벗어날 수 없는 고정 틀 속에서 살았으면 되었지, 은퇴 후까지 시간표에 맞추듯 살기가 너무나 싫었다. 그냥 내 마음 내키는 대로 살고 싶었다.

그러다 보니 그동안 여러 차례 다시 새로운 일자리를 가질 기회도 있었으나 마음이 내키지 않아 매번 조용히 접었다. 남이 권하는 일자리에도 나서지 않았지만, 나 스스로 무슨 궁리를 해서 새로운 일을 꾸미는 것도 마음이 가질 않았다.

이런 이야기를 세3자가 들으면 마치 등 따숩고 배부른 처지나 되는 것처럼 여길지 모르지만, 내가 세상의 눈길에 맞추어 살 필요는 없는 노릇이다. 나로서는 누가 대신해 주거나 누가 책임지는 것도 아닌, 오로지 나 혼자서 결과를 맞이할 수밖에 없는, 그것도 단 한 차례 주어지고 남아 있는 나의 인생길을 그냥 나의 보폭으로 내 마음 따라 걸어가고 싶을 뿐이다. 의도적인 일과를 미리 짜놓아 보았자 인생길 단 하루도 미리 알 수 없는 데다가, 아예 인생 전체가 통째로 도무지 알 수 없는 길을 걷는 것이기에 그냥 내맡기듯 살고 싶은 생각이 더 크다.

그러나 삶에 대한 나의 이런 태도는 자포자기는 결코 아니다. 앞으로 내게 남은 날이 얼마나 될지 전혀 알 수 없지만, 나는 하루하루가 정말 소중하고 귀하게 주어지는 것에 아침에 눈뜰 때마다 감사하며 살고 있다. 하루를 '완전 연소' 하듯이 살고 싶은 의지가 스스로 강하다. 다만 그날그날 하루가 펼쳐지는 대로 마음속에 '저항 없이' 살아갈 뿐이다.

칼칼한 국밥이 생각날 때 나는 왕복 80킬로미터를 달려 국밥 한 그릇을 위해 한나절을 보내는 날이 있고, 가족과 지인에게 햇과일 몇 개 갖다준답시고 서울까지 왕복 600킬로미터를 달리는, 남 보기에 대단히 비효율적인 짓거리를 할 때도 있으며, 친구랑 밥 한 끼 먹고 커피 한잔 마시자고 지리산에서 강원도 속초까지 달려가는 가성비 마이너스의 무모한 짓거리를 서슴지 않거나, 내가 쓴 책 한 권 전해 주려고 멀리 다른 지방에 사는 지인을 만나러 간 적도 여러 번 있었다.

이러는 나에게 이런 질문을 던질 수도 있을 것이다.

'국밥 까짓것 가까운 곳에서 해결하고, 햇과일은 택배로 부치면 될 일이고, 친구는 다음에 적당할 때 편하게 보면 되고, 책은 소포로 보내면 쉽고, 스님은 나중에 지리산 쪽에 오시거든 만나면 되지, 뭘 그리 사서 고생합니까?'

하지만 과연 그럴까? 당신이 혹시 나의 무모함을 비웃거나 혀를 차며 가볍게 웃어넘기는 편에 서 있다면, 나는 당신에게 이런 질문을 되돌리고 싶다.

'과연 그럴까요? 과연 인생에서 '나중에'라는 것이 있기는 한 것일까요?'

내가 보기에 사람들은 대부분 '앞으로 좋은 날 있을 테지'라며 한 치도 알 수 없는 '미래'에 자기 자신을 내맡기고 사는 것 같다. 그러나 이것은 참으로 어리석은 일이다. 당신과

알 수 없는 삶의 흐름

나에게 주어진 것은 에덴동산 아담과 이브 이래로 언제나 '오늘 지금 여기 이 순간뿐'이기에 그렇다. 인생은 순간순간의 집합체일 뿐이다.

내가 당신에게 던질 만한 질문이 있다.

'오늘이 중요할까요, 내일이 중요할까요?'

'지금 이 순간이 중요할까요, 나중이 중요할까요?'

과거에 대한 푸념과 미래에 대한 불안을 쉼 없이 털어놓던 방문객에게 스님이 말했다.

"여보시게! 당신 앞에 놓인 차가 식고 있으니 아직 김이 피어오를 때 차나 잘 마시고 가시게!"

당신은 바다가 그리워 애써 틈새를 만들어 제주도에 가거나, 일출이 보고 싶어 한밤중에 냅다 동해안을 향해 내달려 본 적이 있는가? 당신은 혹시 지리산 천왕봉에 올라 한 순간의 통쾌한 그 맛을 느끼고 싶어 2박 3일 동안 지리산 능선을 죽어라 힘겹게 종주해본 적이 있는가?

아침 요기까지 마치고 나니 딱히 할 일이 없었고 날씨는

폭염 속에 아침부터 푹푹 찌는 듯했다. 가만히 앉아 있으려니 다시 졸음기가 왔다. 나는 야전침대에 다시 몸을 뉘었다. 잠깐 눈을 좀 붙여야겠다. 그때였다. 핸드폰이 울렸다. 받아보니 친한 선배의 음성이었다.

"형님, 반갑습니다. 아침 이른 시간에 어쩐 일이십니까?"

"더운데 잘 지내지? 당신, 김포천 선배 알지? 그 양반이 광주에 사시는데 며칠 전에 사우회에 전화를 걸어와 반갑게 안부를 나누다가 당신 이야기를 하셨거든. 사우회보에 실린 당신 글을 읽었는데 아주 재미있게 잘 읽었다면서 당신이 글을 잘 쓰는 것 같다고 칭찬하셨어."

"하하! 부끄럽습니다만, 왕년의 유명하셨던 대선배께서 칭찬을 해주셨다니 기분은 좋군요!"

김포천 선배는 과거에 안방극장을 주름잡았던 유명한 PD였다. 그분은 제작부문에서 일했고 나는 보도부문에서 한참 아래 신참기자로 일했기에 서로 직접 만날 기회는 없었지만, 성함은 익히 알고 있었다. 그분은 직장 말년에 광주 MBC 사장을 지냈고, 그 이후로도 광주에서 문화예술 분야의 원로로서 왕성한 활동을 하셨다. 지금은 90을 바라보는 인생 고찰이 되었다.

그런데 아무런 일도 없을 것 같던 오늘 하루에, 불쑥 걸려온 이 전화가 나에게는 뜻하지 않은 하나의 사건을 만들었다. 같은 직장 시절에도, 그 이후에도 만난 적 없는 그 노老 선배를 한번 찾아뵙고 식사라도 대접하고 싶은 마음이 갑자기 문득 솟아난 것이다. '지금' 하지 않으면 '나중에' 할 수 없는 일이라는 생각이 들었다. 나는 그분의 연락처와 주소를 받았다.

곧바로 나는 김포천 선배에게 전화를 걸었다. 이전에 서로 한 번도 만난 적 없는 사이였지만 그분은 무척 반가워했다. 그분과 나는 이틀 뒤 광주에서 난생처음으로 직접 만났다.

조금 전까지만 해도 아무 일도 없고 백지상태였던 하루가 전혀 생각지도 못한 곳에서 걸려온 한 통의 전화로 전혀 예상치 않은 일들이 펼쳐지는 그 전개가 참으로 신기하고 신통하다는 생각이 들었다. 알 수 없는 인연 작용이라고밖에 달리 해석할 수 없는 이런 일이 나에게는 그동안 살아오면서 헤아릴 수 없이 참 많았던 것 같다는 생각이 더욱 새삼스럽게 되새겨졌다. 그리고 자신에게 말했다.

'거 봐! 굳이 계획하지 않아도 하루가 미리 알 수 없는 그 무엇인가에 의해 건드려지면서 묘하게도 알아서 굴러가고 채워지잖아! 그냥 그렇게 살면 돼!'

구들방 근처 소나무숲에서 산비둘기가 꾸룩 꾸루룩, 오늘 하루를 새롭게 노래한다. 저 새소리는 어제 들었던 그 소리가 아니다. 내가 살아 있는 오늘 지금 여기 이 순간 나에게 처음이자 마지막으로 들리는 그 소리다. 나는 지금 여기에 아무 탈 없이 잘 놓여 있다.

혼밥이 빚은 인연

그저 밥 한 끼 해결하자고 별생각 없이 음식을 주문한 것이 폭염 속에 수족관에서 잘 지내던 산낙지에게 엄청난 종말을 가져오게 될 줄이야!

읍내에 물건 사러 나간 길에 마침 점심때가 되어 가까운 식당에 들어갔다. 작은 식당이라 메뉴도 몇 가지밖에 되지 않는 데다가 특별히 내 입맛에 딩기는 음식도 없어 보여서, 나는 식당 할머니에게 빨리 준비되는 게 뭐냐고 물었고 주인은 대뜸 낙지볶음이라고 대답해 그걸 달라고 했다.

그 식당에는 수족관이 놓여 있었지만 장사가 썩 잘되는 집은 아니었는지 이름 모르는 물고기 두어 마리가 썰렁한 수족관에서 힘없이 헤엄치고 있었고, 산낙지 딱 한 마리가 수족관 벽에 붙어 느릿느릿 꼼지락거리고 있었다. 그런데 하필이면 나는 다른 빈자리 다 놓아두고 그냥 무심코 바깥 풍경이 내다보이는, 즉 수족관을 정면으로 바라보는 쪽에 앉아 있었다. 그것이 바로 낙지의 비극적인 종말을 초래한 악연과 꺼림칙한 식사의 서막이었다.

주인 할머니가 내 옆을 지나 수족관 앞으로 가더니 의자를 잡아당겨 올라선 다음, 수족관 벽에 붙어 있는 낙지를 떼어 내기 시작했다. 낙지는 운명을 예감했는지 더욱 굳세게 빨판을 흡착하며 붙잡혀 나가지 않으려고 안간힘을 썼지만, 결국 다부진 할머니 손에 붙들려 철망 바구니에 담겼다.

그 순간 나는 그제야 상황을 눈치챘다.

'앗! 지금 저 낙지가 바로 내가 주문한 낙지볶음의 재료가 되는 것이로구나! 아이쿠! 하필이면 딱 한 마리만 남아 외롭게 생존하던 산낙지가 하필이면 나를 만나서 오늘이 제삿날이 되다니!

그리고 내가 수족관이 보이지 않게 등이라도 돌려 앉았더라면 그나마 직접 보지 않았을 테니 조금 나았을 것을, 하필이면 정면으로 보이는 곳에 자리를 잡고 앉는 바람에 낙지 생전의 최후를 목격하게 되다니 … . 아뿔싸!'

이윽고 낙지는 여러 토막으로 양념에 잘 버무려져서 접시에 놓여 내 눈앞에 대령되었다. 나는 시장했지만 난데없이 처연하고 복잡한 심정이 되어 한순간 망설여졌다. 이럴 때 이놈의 낙지를 오히려 맛있게 먹어 주는 것이 나로 인해 세상을 마감한 낙지에게 마지막 예우가 되는 것인지, 아니면 미안한 마음으로 조심스럽게 먹어야 되는 것인지, 잠시 헷갈렸다.

평소에 낙지를 밝히는 식성도 아닌데 하필이면 해물 파는 식당에 들어와서 이런 곤란한 지경을 맞이하다니 … . 게다가 주인 할머니는 그냥 적당히 된장찌개나 줄 것이지 하필이면 빨리 준비되는 게 낙지볶음이라고 말했을까. 공연히 주인을 원망하는 마음이 되어 자책감을 은근슬쩍 주인 탓으로 돌리는 내 그 알량한 마음속을 스스로 들여다보니,

참 우스꽝스럽게 느껴졌다.

그러나 아무튼 그 낙지볶음을 번잡해진 내 속으로 꾸역꾸역 씹어 삼켰다. 그런데 먹는 동안에도 손님이라곤 나 혼자밖에 없는 상황에, 주인 할머니는 한 번도 아니고 두 번이나 내 자리에 와서는 "많이 드시오, 남기지 말고 잘 드시오" 하면서 유별난 관심을 보이며 채근까지 하는 바람에 나는 얼렁뚱땅 접시를 다 비우게 되었다.

식당을 나서면서 주인에게 예의상 "잘 먹었습니다" 인사는 건넸지만, 정말 잘 먹은 것인지 마음이 부대껴 잘 못 먹은 것인지 내 마음 내 속을 잘 알 수가 없었다.

이 글을 폭염을 버티며 생존해 있다가 나를 만나는 바람에 폭염을 벗어난 곳으로 떠난 그 낙지에게 바친다. 낙지야, 미안하다. 낙지야, 나도 찜찜하다. 외딴 산골에 혼자 사는 인간이 뭘 그리 잘 먹어 보겠다고 …. 이렇게 해서 낙지볶음은 내 생애에 잊지 못할 음식이 되려나 보다.

낙지가 나의 빈속을 잘 채워준 덕분에 지금 저녁 무렵이 되었는데도 전혀 배가 고프지 않다. 오늘 저녁은 이런저런 구실로 그냥 한 끼 건너뛰어야겠다. 왠지 오늘은 더 이상 먹지 말아야 할 것 같다.

산자락에서 혼자 지내는 인생에도 이렇게 난데없이 해프닝이 벌어진다.

석양을 엿보다

"내가 얘기할 것이라곤 과거밖에 없어."

"죽음에 대해 생각할 때도 종종 있지."

"때로는 지독한 허무감이 밀려올 때도 있지만, 인생을 달관한 마음으로 극복하면서 살고 있지."

"하루하루 시간은 너무 잘 가. 너무 빨리 가서 탈이야."

올해 86세의 그 선배는 나에게 이런 속내를 털어놓으면서 한참 후배인 나를 격려하는 것을 빠뜨리지 않았다.

이 노년선배는 과거 전국에 이름이 상당히 알려졌던, 우리나라 방송 초창기 작가 1세대 겸 드라마 프로듀서 1세대였던 분이다.

여류 드라마 작가로 최고봉에 오른 김수현 씨가 방송에 인연을 맺도록 징검다리가 되어준 분이고, 지난 1960년대에 거의 온 국민을 라디오 앞에 모이도록 만든 전설적인 드라마 〈전설 따라 삼천리〉를 기획·연출한 당사자이다.

내가 이 선배를 굳이 이렇게 소개하는 까닭은 무엇을 내세우려는 그런 뜻이 아니다. 이 글 맨 앞에서 그의 코멘트를 전한 바와 같이, 인생이라는 게 제아무리 찬란했더라도 결국 '마감' 앞에 다가서는 석양에 놓이게 된다는 엄연한 이치를 공유하자는 뜻이다. 인생의 의미들은 순간순간 지나가는 과정 속에 함께했다가 과거 속으로 함께 사라질 뿐이라는 점, 모든 행위는 사라지고 남는 것이라고는 기억과 회상이라는 점, 빛나는 낮의 태양은 결국 석양의 다른 이름이라는 점을 얘기하고 싶어서다.

따라서 인생을 잘 살아 내고 잘 보낸다는 것은 주어진 순간순간을 가급적 앙금이 남지 않도록 '완전 연소'하는 일이라는 것을 당신과 함께 마음에 잘 새기고 싶어서다.

인기 영화배우 하정우는 영화 속에서뿐 아니라 개인적인 삶에서도 퍽 인상적이고 교훈을 주는 멋진 사나이다. 내가 읽었던 그의 수필 《걷는 사람 하정우》에서 그가 하는 말은 육중하다.

서울에서 해남 땅끝까지 걷는 장거리 트레킹에 나섰을 때, 처음에는 이런 행동의 마지막 결말에 뭔가 상당한 것을 얻게 될 줄 알았다. 그러나 막상 그 종착지에 이르는 순간, 그것은 예상보다 담백하고 싱거운 결말이었다. 오히려 힘겹게 걸어간 '과정'들이 나를 새롭게 만들었던 것 같다.

인생은 순간들로 이루어져 있다. 순간은 과정이다. '마감'도 순간이다. 마감까지도 과정에 불과하다. 삶과 삶의 마감은 서로 분리되어 있거나 전혀 다른 영역이 아니다. 삶의 맨 처음 시작에서부터 맨 끄트머리까지의 삶 전체는 보이지 않는 세계로부터 보이는 모습을 갖추어 나타나 잠시 머물

다가, 다시 보이지 않는 세계로 모습을 감추는 '공즉시색空
即是色 색즉시공色即是空'이다.

어디에선가 왔다가 어디론가 사라지는 이 존재는 무엇일
까. 이 물음이 바로 당신과 내가 삶에서 해결 봐야 할 숙제
일 것이다. 삶은 삶에 '눈뜨는' 일이다.

조금 먼 소풍

오전 10시쯤 집을 나섰다가 다시 마을에 돌아오니 저녁 8시였다. 하기야 왕복 540킬로미터짜리 소풍이었다. 지리산에서 경북 안동까지 다녀왔으니까.

말복을 하루 앞두고 아침부터 푹푹 찌는 날씨였지만, 왠지 집에만 틀어박혀 있기가 싫었다. 어디론가 콧바람을 쐬러 가고 싶은 마음이 들썩였다. 어디로 가볼까, 그렇지! 전부터 가본다는 게 거리가 좀 멀어서 차일피일 미루었던 그 절에 가면 되겠군!

행선지가 정해졌다. 안동 봉정사였다. 봉황새 봉鳳에 머무를 정佛, 신라 문무왕 때 의상대사가 영주 부석사에서 종이로 접어 날린 봉황이 안동 천등산에 내려앉아 이곳에 절을 지었다는 전설이 전해진다. 지은 지 무려 1천 3백 년이 넘은 유네스코 세계유산이다.

지리산 자락 거처를 나섰다. 나서니 결국 도착했다. 나서지 않으면 도착할 수 없다. 산은 야트막했으나 품은 넓고 아늑했다. 초입에서 절로 이어지는 고즈넉한 오솔길은 걷기에 적당했다. 천등산 매미들이 시원한 소리로 나를 반겨 주었다. 뒷덜미에 땀방울이 맺혔지만 호젓한 길을 걸어 오르니 마음이 편안해졌다.

국보인 대웅전은 단청을 입히지 않아 기나긴 세월이 고색창연하게 묻어났다. 절의 규모는 그다지 크지 않았지만 해묵은 기운이 깊게 느껴졌다. 법당에 들어가 삼배를 마치고 잠시 누각에 앉아 하늘을 바라보며 쉬었다. 절에는 길게 머물지 않았다.

절을 나서다가 문득 이곳 안동이 고향인 친한 후배가 생각나서, 조금 전에 핸드폰으로 찍었던 풍경사진 몇 장을 전

송해 주었다. 이윽고 후배에게서 반가운 기색의 메시지가
날아들었다.

　이번에는 차를 몰아 안동 시내로 향했다. 여기까지 온 김
에 친한 친구의 동생이라도 잠깐 보고 가려는 생각이었다.
아까 지리산에서 출발할 때 챙겨온 작은 선물도 전할 겸 오
랜만에 잠깐이라도 만나고 싶었다.

　사전 통화는 이루어졌고 드디어 동생과 나는 반갑게 대
면했다. 친한 친구의 동생인 데다가 젊은 시절부터 알던 사
이였고, 친구는 가끔 나에게 동생이 나를 무척 좋아한다는
얘기를 전해 주기도 했다. 그러나 그런 이유보다도 항상 변
함없이 순박하고 사람 냄새가 구수하게 풍기는 그 동생의
됨됨이가 나에게 잘 심겨 있었다. 동생은 불과 몇 시간 전에
도깨비처럼 번개 상봉을 예고한 나의 갑작스러운 방문에
잠시 어리둥절한 눈치였지만, 그냥 보고 싶어 찾았다는 나
의 얘기에 금방 누그러지면서 예전의 그답게 무척 순하고
다정하게 나를 대했다.

형제는 나이 들수록 닮아간다더니 동생의 모습은 친구와 판박이였다. 하늘이 같은 형제를 빚어내는 솜씨는 거짓 없이 분명하고 놀랍다. 나도 내 형제들의 얼굴에서 나를 발견하는 느낌이 들 때가 많고, 유일하게 생존해 계시는 작은아버지 얼굴에서 오래전 떠나신 아버지 모습을 그대로 뵙는 듯한 느낌이 일어나곤 한다.

동생과 나는 그의 아들이 운영하는 아이스크림 가게에서 이런저런 이야기를 나누다가, 길이 먼데 무슨 요기라도 같이하자는 권유에 근처 식당으로 자리를 옮겨 함께 냉면을 먹으며 좀더 대화를 나눴다.

오래된 사이는 오랜만에 만나도 전혀 어색하지 않아 편했다. 이윽고 그 동생과 작별해야 할 시간이 되었다. 동생은 나에게 다음번에도 근처에 오거든 꼭 연락을 달라고 당부하면서, 근처 빵집에서 챙긴 먹거리를 건넸다.

작별의 악수를 할 때 내 손을 꽉 쥐는 동생의 두툼한 손에서 믿음과 정감이 흘러나와 나에게로 전해졌다. 나도 내 마음을 내 손을 통해 그에게로 전했다.

다시 지리산으로 돌아오는 길, 거창 땅에서 해가 뉘엿뉘엿 저물었고 남원에서 하늘이 짙은 분홍빛으로 물들었다. 밤고개를 넘어 구례 땅에 들어설 때 산색山色이 검게 변했다. 하늘에는 어젯밤처럼 샛노란 반달과 초롱초롱한 샛별이 떠 있었다. 또 하루가 꿈처럼 지나갔다.

조금 먼 소풍

서울 나들이가 줄어든 이유

지리산에 내려와 꼬박 10년을 지내는 사이에 예전보다 서울 나들이가 크게 줄어들었다. 여기에는 내 나름대로 상당한 이유가 있다. 예전 같으면 '꼭 해야 될 일'로 여겨졌던 것들이 이제는 '안 해도 그만인 일'로 대수롭지 않게 바뀌었기 때문이다. 그런 종류의 것들을 이제는 홀가분하게 털어 버렸기 때문이다.

몸은 지리산에 와 있지만 여전히 한 집안의 가장이자 남편이고 아버지인 입장에서, 노릇을 해야 할 가정사가 생기거나 성묘나 제사 등 집안 형제들과 더불어 해야 할 일, 그리고 인연 깊은 사람들의 경조사 같은 불가피한 경우에는 물론 서울에 지금도 다녀오곤 한다.

하지만 주변 사람과 특별한 목적 없이 만나는 사교적 성격의 모임은 거의 놓아 버렸다. 상대방 관점에서는 이전에는 얼굴을 잘 내밀던 사람이 점점 보기 힘들어지니 다소 서운할 수 있을 테고 그러다 보니 관계도 예전 같지 않게 멀어지고 퇴색하는 느낌이겠지만, 나로서는 어쩔 수 없는 형편이다.

내가 지내는 이곳 지리산에서 서울까지는 왕복 600킬로미터쯤 되다 보니, 서울의 저녁 자리에 참석하려면 그 전날 올라가서 모임 그다음 날 내려와야 해서 꼬박 2박 3일이 걸린다. 기름값과 고속도로 이용료를 합치면 한 번 나들이에 적어도 10만 원은 훌쩍 넘는다. 같은 서울 하늘 아래 산다면 경로우대 공짜 지하철을 타면 되고, 시간도 하루 저녁 몇 시간만 내면 된다지만 나에게는 전혀 사정이 다르다는 얘기다.

사람끼리 만나서 정을 나누는 일을 경제적 계산으로만 따질 수는 없다는 걸 내가 모를 턱 없다. 그러나 여럿이 만나 본들 무슨 깊이 있는 이야기보다는 대충 그렇고 그런 껍

서울 나들이가 줄어든 이유

데기 같은 공허한 화제만 일삼다가 나의 소중한 시간이 부스러기처럼 조각나고 낭비되는 것 같은 아쉬운 느낌을 여러 번 되풀이로 겪다 보니, 결국 나로서는 그럴 시간에 섬진강 나들이 한 번 더 하는 게 차라리 훨씬 더 자신을 풍요롭게 채운다는 터득을 하기에 이르렀다.

다시 말하자면 군이 서울에 가서 '하지 않아도 될 일'에 얽히는 것보다는 그냥 지리산에 눌러앉아서 '하고 싶은 일'을 하면서 지내는 것이 백 번 천 번 더 바람직하다는 결론에 도달했다는 뜻이다. 이를 더 진지하게 얘기하자면 10년 전 은퇴 직후 스스로 지리산을 찾아 나 홀로 놓이는 '자발적 고독'을 선택한 것이, 나에게는 도시생활에 길들고 습관적 고정관념이나 부질없는 가치관에 사로잡혀 있던 '이전의 나'를 해체해 버리고 '새롭고 창의적이고 활성화된 나'로 크게 탈바꿈했다는 점에서 스스로 매우 기특하고 장한 결단으로 여겨져 나의 제 2의 인생길에 후회는커녕 무척 만족스럽고 감사한 마음이 든다는 말이다.

지리산 고독은 내 인생 최고의 선물이다. 그 고독을 통해 나의 정체성을 되찾을 수 있었고 내면의 자유를 확장할 수

있었다. 이곳에서 나는 내밀 만한 아무런 명함도 없지만, 나의 인생 살아가는 모습을 굳이 남에게 보여 주거나 과시할 것조차 없이 산속에 핀 이름 모를 한 떨기 야생화처럼 될 수 있다면 하늘의 축복일 것이다.

설 이튿날 곧바로 지리산 거처로 내려와 화개골에 사는 후배에게 새해 인사차 들렀다가, 그 집 다실에서 활짝 피어난 흰 매화꽃과 붉은 홍매화를 올해 처음으로 구경했다. 매화 구경이야 그동안 무수히 했지만, 이번에도 어김없이 피어난 그 꽃을 보니 이번에도 어김없이 마음이 설레었고 이번에도 어김없이 피어서 다행스럽게 여겨졌고 이번에도 어김없이 기분이 참 좋았다.

그러고 보니 입춘이 어느새 일주일 앞으로 다가서 있다. 이웃 마을에 사는 다른 후배를 아까 만났는데 그 친구는 산속 연못에서 개구리가 겨울 긴 잠에서 깨어나 첫 울음을 우는 소리를 선명하게 들었다고 전했다.

한겨울로 알고 살던 나를 매화꽃과 개구리가 슬며시 새봄으로 건네주었다.

고독이 주는 선물

지리산에 온종일 비가 내린다.

게으른 주인을 만난 대문 바깥의 자동차가 종일 내리는 비 덕분에 땟자국을 씻어 내고 말끔한 본래 모습을 되찾았다. 마당에 둔 길고양이 밥그릇은 오늘은 고양이들을 만나지 못한 채 먹이 대신 빗물만 잔뜩 채웠다.

구들방에서 바깥을 내다보니 푸르스름한 초저녁 어둠이 같은 색으로 푸르스름했던 이른 새벽과 히나도 다를 바 없이 찾아들었다. 일출과 일몰이 같은 색 비슷한 모습인 것처럼.

비가 그치려는지 처마 서까래 끝에서 빗방울 떨어지는

소리의 간격이 조금씩 더디어지고 있다. 소리라고는 오직 하나, 빗방울 소리만 간헐적으로 들릴 뿐 산자락 마을이 참으로 고요하다.

나 홀로 앉아 있는 구들방 안에서 동작을 멈추고 가만히 있으면 켜놓은 노트북의 기계음 소리만 감지된다. 가끔 몸을 움직이면 엉덩이와 무릎을 두른 이불 소리가 부스럭거린다. 길게 들숨을 마시고 길게 날숨을 뱉으니 고요함 속에 숨소리만 두드러진다.

지금 이 순간에 나는 혼자이며 지금 여기에 나는 혼자다. 내 안에서 '존재 그놈'만이 말똥하게 알아차려진다.

고독은 고요하다.

고독은 내면에서 다투지 않는다.

고독 속에서 내 안의 존재가 눈을 뜬다.

고독 속에서 나는 나를 만난다.

고독은 방해받지 않는 평화다.

고독은 다른 사람의 도움을 필요로 하지 않는다.

고독은 고독 그 자체로 충분하다.

고독은 뛰쳐나가지 않고 원래 자리에 탈 없이 머문다.

고독은 다른 고독을 이내 알아본다.

고독은 닫혀 있지 않다.

고독은 수없는 통로를 가진 철옹성이다.

고독은 완강하면서도 쉽게 소통한다.

고독은 불친절하지 않다.

고독은 그물에 걸리지 않는 바람이다.

고독은 물길을 거스르지 않는 종이배다.

삶의 고향은 고독이다.

이 글을 읽어준 당신에게 시인 릴케가 건네준 선물을 넘긴다.

사람에게 필요한 것은 오직 하나 고독이다. 위대한 내면의 고독이다. 몇 시간이고 아무도 만나지 않고 자기 자신 속에 머무를 줄 알아야 한다.

지은이 소개

구영회具榮會

방송 CEO 출신 지리산 수필가. 고려대를 나왔고 '장한 고대언론 인상'을 받았으며, MBC 보도국장, 삼척MBC 사장, 한국신문방송편집인협회 부회장 등을 지냈다.

30대 중반 무렵부터 지리산을 수없이 드나들면서, 삶의 본질에 대한 '갈증'에 목말라하는 마음속 궤적을 따라 끊임없는 '자기타파'를 추구해 왔다. 33년에 걸친 방송인 생활을 마친 뒤, 지금은 지리산 자락 허름한 구들방 거처에서 혼자 지내며 제 2의 인생을 살아가고 있다.

그는 지리산에서 지금까지 《지리산이 나를 깨웠다》, 《힘든 날들은 벽이 아니라 문이다》, 《사라져 아름답다》, 《작은 것들의 행복》 등 네 권의 수필집을 펴냈다. 그의 글은 지리산처럼 간결하고 명징하다. 섬진강처럼 잔잔하고 아름답다. 뱀사골 계곡처럼 깊다. 그가 우리에게 두런두런 건네 붙이는 말투는, 지리산 밝은 달밤과 별밤에 숲에서 들리는 호랑지빠귀의 휘파람 소리처럼 마음 깊은 곳을 파고들며 깨운다.